国家社科基金重大项目（15ZDC034）成果
河北省社会科学基金重大项目（HB19ZD04）成果
全国党校（行政学院）系统重点调研课题（2022DXXTZDDYKT019）成果
研究阐释党的十九届六中全会精神专项招标课题（2201ZXZB44）成果

赵娜 陈凯 著

CHANGQI HULI BAOXIAN
CAIZHENG BUTIE JINGJI XIAOYING JI DONGTAI TIAOZHENG YANJIU

长期护理保险
财政补贴经济效应及动态调整研究

中国财经出版传媒集团
经济科学出版社
Economic Science Press

图书在版编目（CIP）数据

长期护理保险财政补贴经济效应及动态调整研究 / 赵娜，陈凯著. —北京：经济科学出版社，2023.2
（区域经济重点学科系列丛书）
ISBN 978-7-5218-2641-8

Ⅰ.①长⋯ Ⅱ.①赵⋯ ②陈⋯ Ⅲ.①护理-医疗保险-财政补贴-研究-中国 Ⅳ.①F842.613

中国版本图书馆 CIP 数据核字（2021）第 122745 号

责任编辑：周胜婷
责任校对：李　建
责任印制：张佳裕

长期护理保险财政补贴经济效应及动态调整研究

赵娜　陈凯　著

经济科学出版社出版、发行　新华书店经销
社址：北京市海淀区阜成路甲 28 号　邮编：100142
总编部电话：010-88191217　发行部电话：010-88191522
网址：www.esp.com.cn
电子邮箱：esp@esp.com.cn
天猫网店：经济科学出版社旗舰店
网址：http://jjkxcbs.tmall.com
固安华明印业有限公司印装
710×1000　16 开　11.75 印张　200000 字
2023 年 2 月第 1 版　2023 年 2 月第 1 次印刷
ISBN 978-7-5218-2641-8　定价：72.00 元
（图书出现印装问题，本社负责调换。电话：010-88191510）
（版权所有　侵权必究　打击盗版　举报热线：010-88191661）
QQ：2242791300　营销中心电话：010-88191537
电子邮箱：dbts@esp.com.cn）

前　言

长期护理保险制度是落实健康中国战略，从国家层面、政府层面推进社会保障体系不断完善的重大举措。财政补贴在筹资机制中扮演着重要角色，对制度推行和可持续发展发挥着至关重要的作用。目前，许多学者从不同视角对长期护理保险财政补贴问题进行了研究，并提出了许多有针对性的政策建议，如关于财政补贴范围、财政补贴力度、财政补贴方式等。此外，也有学者针对财政补贴经济效应问题进行了研究，取得了丰硕的成果，已有研究结论表明，对长期护理保险实施财政补贴必然会对参保人的劳动供给和储蓄决策产生影响，进而影响社会整体劳动力结构和资本形成，并通过要素传导效应影响经济增长，经济增长又对下一轮的财政补贴政策调整产生影响，如此循环，形成了一个具有反馈机制的连续复杂系统。现有文献对长期护理保险财政补贴与经济增长的关系进行了初步研究，而对财政补贴对经济增长的作用机制及以此为基础的动态调整问题未进行深入分析。在长期护理保险财政补贴政策制定过程中有必要考虑对经济增长的影响，给出有针对性的动态调整设计方案，有关这方面的研究是推进长期护理保险财政补贴政策创新的关键所在，对制度在全国范围的推广以及长期稳定发展具有深远影响。

本书对长期护理保险财政补贴经济效应及动态调整问题进行了较为深入的研究，重点从理论上揭示财政补贴通过劳动供给和储蓄等要素的传导效应影响经济增长的作用机制，并通过实证模型测算财政补贴产生的劳动供给和储蓄效应大小，以及考虑上述要素的传导作用对经济增长的影响程度，最终构建以经济增长为目标的财政补贴动态调整分析框架。本书主要完成了以下几个方面的工作：

（1）系统梳理了现有关于长期护理保险的研究内容及以财政补贴视角进行研究的局限性。总结了长期护理保险财政补贴与经济增长的关系，明确了现有长期护理保险财政补贴研究的不足及可拓展的方向。通过界定长期护理保险财政补贴、劳动供给、预防性储蓄和财政补贴动态调整等相关概念，提出对长期护理保险实施财政补贴影响经济增长的传导途径和作用方式，以及基于经济增长构建财政补贴动态调整机制的重要性，从而奠定本书的研究框架。

（2）分析了我国长期护理保险财政补贴现状及存在的问题。从需求导向、经济保障、政策环境和产业支撑四个方面梳理了我国长期护理保险制度建立的背景，并划分了制度发展的基本历程。总结了首批试点地区长期护理保险财政补贴特征，进而挖掘出了当前财政补贴存在的问题，从而明确了本书的研究价值。

（3）提出了长期护理保险财政补贴经济效应及动态调整分析框架。以社会保障理论、劳动供给理论、预防性储蓄理论、财政补贴理论和经济增长理论为支撑，明确了本书重点关注的长期护理保险财政补贴影响劳动供给和储蓄等生产要素的作用机制，实证分析了长期护理保险财政补贴对劳动供给和储蓄影响作用的大小，并进一步估计了劳动投入变动和资本变动对经济增长的影响。结合适度保障水平理论和灾难性支出发生率指标，构建了以经济增长为目标的长期护理保险财政补贴动态调整模型。

（4）将提出的长期护理保险财政补贴经济效应及动态调整分析框架应用到实践中。以青岛市职工长期护理保险为例，仿真分析了制度从试点到全面建制过程中，个人筹资责任不变和个人筹资责任提高两种方案下财政补贴调整力度大小；并进一步分析了人口政策改变和待遇水平改变对财政补贴的影响。

本书为长期护理保险财政补贴提供了新的研究视角，形成了较为系统的问题研究体系，有助于加深对长期护理财政补贴经济效应及动态调整机制的理论研究，从现实中为政策制定者根据经济发展目标制定合理的长期护理保险财政补贴动态调整政策提供决策依据。

目录

第1章 绪论 / 1
1.1 研究背景 / 1
1.2 问题的提出 / 5
1.3 研究目标与研究意义 / 7
1.4 研究内容、研究思路与研究方法 / 9
1.5 本书章节安排 / 13
1.6 主要创新点 / 15

第2章 相关研究文献综述 / 17
2.1 文献检索情况概述 / 17
2.2 关于长期护理保险的研究 / 22
2.3 关于保险财政补贴的研究 / 29
2.4 已有研究成果的贡献与不足述评 / 34
2.5 本章小结 / 38

第3章 相关概念、理论基础与分析框架 / 39
3.1 概念界定 / 39
3.2 理论基础 / 44

3.3 长期护理保险财政补贴影响经济增长的作用机制 / 59

3.4 基于经济增长目标的财政补贴动态调整分析框架 / 63

3.5 本章小结 / 65

第4章 长期护理保险财政补贴现状及存在的问题 / 66

4.1 长期护理保险制度的建立与发展 / 66

4.2 长期护理保险财政补贴特征 / 74

4.3 长期护理保险财政补贴存在的问题 / 79

4.4 本章小结 / 82

第5章 长期护理保险财政补贴的劳动供给效应 / 83

5.1 长期护理保险财政补贴影响劳动供给的作用机制 / 83

5.2 数据来源与变量分析 / 87

5.3 模型与计量方法 / 91

5.4 实证结果分析 / 93

5.5 本章小结 / 98

第6章 长期护理保险财政补贴的储蓄效应 / 100

6.1 长期护理保险财政补贴影响储蓄的作用机制 / 101

6.2 数据来源与变量分析 / 104

6.3 模型建立 / 107

6.4 面板模型分析 / 108

6.5 门槛模型分析 / 112

6.6 稳健性检验 / 115

6.7 本章小结 / 116

第7章 长期护理保险财政补贴动态调整机制 / 118

7.1 以经济增长为目标构建财政补贴动态调整机制的必要性 / 119

7.2 长期护理保险基金运行系统分析 / 121

7.3 财政补贴动态调整机制构建 / 127

7.4 财政补贴动态调整机制的实践检验 / 133

7.5 敏感性分析 / 145

7.6 本章小结 / 149

第8章 结论与展望 / 151

8.1 研究结论 / 151

8.2 研究不足与展望 / 154

参考文献 / 156

第1章

绪 论

1.1 研究背景

长期护理保险财政补贴经济效应及动态调整问题是一个值得关注的研究课题，在推动长期护理保险由试点到实现全国范围内的推广具有广泛的实际应用背景和政策参考价值。基于此，本章将重点阐述长期护理保险财政补贴经济效应及动态调整研究背景。

1.1.1 财政补贴在国内外长期护理保险制度中扮演重要角色

国际上的长期护理保障制度模式主要有社会救助模式、国家保障模式、政府津贴模式、商业保险模式和社会保险模式五种类型（Chevreul & Brigham，2013）。目前，仅有以色列、荷兰、德国、日本、韩国和卢森堡等几个国家的长期护理保险制度以社会保险模式独立建制（Rhee et al.，2015；Kim et al.，2013；Schut & Van Den Berg，2010；Asiskovitch，2013）。为了积极应对人口老龄化对经济增长带来的负向影响，我国于 2016 年在部分城市进行了长期护理保险制度试点工作，考虑到单独建制在筹资上的现实阻力，试点期间长期护理保险的资金筹集主要采取依托社会医疗保险基金的筹资方式（海龙，尹海燕，2020；姚虹，2020）。

无论是国际上还是国内试点城市，在长期护理保险制度实施过程中普遍给予了财政补贴。如国际上首个开展社会长期护理保险的以色列，在 1980 年建制初期，雇主和雇员各缴纳工资的 0.1% 作为长期护理保险基金。以色列政府出于为企业减负的考虑，根据社会收入分配调节原则，于 1990 年开始，将企业缴纳的比例降至工资的 0.04%，企业缴纳减少部分由政府财政补贴进行补偿，维持原筹资水平不变，从此形成了"雇主/雇员强制缴费 + 政府补贴"的基金筹集模式（戴卫东，2008）。随着人口老龄化的发展以及对护理需求的逐步增加，2011 年 4 月 1 日起，以色列政府将雇主、雇员和政府补贴分别提高至工资总额的 0.09%、0.14% 和 0.02% 以充实长期护理保险基金（戴卫东，2011）。荷兰长期护理保险基金主要由三项构成，分别为雇主和雇员的强制性缴费、政府通过一般性税收形式进行的财政补贴以及待遇享受人员的合作付费（胡苏云，2017；Alders & Schut，2019）。德国长期护理保险基金主要来自对参保者的强制缴费，另外，政府设立中央调剂金，以便在地区之间长期护理保险支付产生太大差距时通过财政补贴方式进行干预（Sato，2006；Theobald，2021；Campbell et al.，2009）。日本在长期护理保险基金筹集过程中，对各级政府的财政补贴责任规定较为典型，中央、都道府县和市町村各级政府共同承担长期护理保险费的 50%，其中，由中央政府承担 25%，剩余的 25% 由都道府县和市町村承担，并制定具体比例，每三年调整一次（Ikegami，1997；Tsutsui & Muramatsu，2007）。韩国长期护理保险基金主要来源于雇员和雇主的强制缴费以及中央财政对保险费的补贴（20%）（Kwon，2009；Seok，2010；Kim et al.，2010）。卢森堡政府对长期护理保险基金划拨的财政补贴约占基金总额的45%①。从我国已经出台试点方案的十余个城市来看，多数试点地区在长期护理保险基金筹集上都或多或少得到了政府的财政补贴。青岛、苏州、荆门、承德、南通、上饶、成都等地区在缴费环节得到了政府固定金额或者一定比例的财政补贴；重庆和长春两个地区在长期护理基金入不敷出情况下由财政补贴进行兜底；上海和石河子两个城市在缴费环节和给付环节都有适当的财政补贴（李月娥，明庭兴，2020；Zhu & Österle，2019；Yang et al.，2018）。

1.1.2　长期护理保险财政补贴研究引起广泛关注

随着人口老龄化发展、长期护理服务需求日益增加以及护理服务成本不断提高，长期护理保险基金支付压力越来越大，长期护理保险基金筹集成为解决制度可持续发展的核心内容（刘建徽，周志波，叶珮西，2017）。财政补贴是长期护理保险基金来源的重要渠道之一，也是政府调节长期护理保险制度可持续运行的重要行政手段，引起了学者们的广泛关注。如凌木子（2015）认为，我国在建立长期护理保险制度时，筹资过程中应该体现政府的主导作用，基于经济发展水平承担适当的财政补贴责任，尤其是对贫困者和贫困地区的财政支持。雷晓康和冯雅茹（2016）认为，我国企业和个人在社会保险缴费中承担了较大压力，在长期护理保险基金筹集过程中，政府有必要投入大量财政补贴资金，且对困难人群实行全额财政补贴。赵斌和陈曼莉（2017）建议在筹资过程中明确财政补贴责任，对特定弱势人群给予财政补贴。李长远和张会萍（2018）建议借鉴发达国家经验，未来我国建立以长期护理社会保险为主、护理津贴制度和商业保险为辅的筹资模式，形成责任共担的多渠道资金筹集机制，加大政府对长期护理保险资金筹集的支持力度。孙洁和

---

① 参见欧洲委员会的《卢森堡社会保障系统》，http：//ec.europa.eu/employment socail/missoc/2004/012004llu_en.PDF.

蒋悦竹（2018）构建了社会长期护理保险筹资机制理论分析框架，综合德、日、韩三国及我国青岛、南通、长春三地的实践经验，建议政府财政及其他供款责任方负担30%～35%。杨翠迎和程煜（2019）分析了不同福利国家模式下的长期护理保险制度及其费率结构，认为当前中国个人收入与发达国家还有较大差距，为了能够快速有效地积累保险资金，建议在基金筹集过程中进行适当的财政补贴。

1.1.3　深入研究长期护理保险财政补贴经济效应及动态调整问题的必要性

长期护理保险筹资水平的确定与当地经济社会背景紧密相关，在"以收定支，收支平衡，略有结余"的筹资原则下，筹资水平过高，会给企业和个人带来沉重的缴费支出负担，不利于经济实体的发展（李晓鹤，2015；王竹可，2019）；筹资水平过低，保障水平又难以满足参保人的实际长期护理需求（李君，2019；陈恩修，2019）。因此，在制度运行过程中，政府通过财政补贴手段进行干预和引导很有必要，也更有效率。构建多渠道筹资模式、明确财政筹资责任已成为多数学者的共识（Kwon，2008；Pawlson & Mourey，1990；Yang et al.，2016）。依据经济发展水平，适度调整长期护理保险筹资水平和保障水平，是保障失能人员基本生活权益，提升他们体面和有尊严的生活质量的必然选择（尹海燕，2020；文太林，2018）。随着经济水平的发展，失能人员的护理成本也在不断上升，在筹资过程中对财政补贴水平进行合理调整，不仅是长期护理保险制度进一步完善的需要，也是我国社会和谐发展的迫切要求（曹信邦，2018；何文炯、杨一心，2020；刘二鹏，张奇林，2018）。长期护理成本直接受物价水平、通货膨胀率以及工资增长水平等多种因素的影响（Comas-Herrera et al.，2006；Pickard et al.，2007），这种影响也是一个动态的调整过程。因此，识别长期护理保险财政补贴产生的经济效应，并建立以经济增长为目标的长期护理保险财政补贴动态调整机制非常必要。一方面，依据经济增长情况及时调整财政补贴水平，进而对筹资水平和保障水平产生影响，可以有效避免筹资水平过高或者过低对经济发展产生的不利影响；另一方面，依据经济增长情况及时调整财政补贴水平能够促进长期护理保险制度与经济发展水平的协调程度，促进长期护理保险制度解决老龄化社会经济可持续发展作用的有效发挥。

1.2　问题的提出

长期护理保险制度是基于化解人口老龄化社会的长期护理风险而产生的，当前研究广泛关注了制度与经济发展的关系，经济学界普遍认为其从两个方面对当下的经济发展产生影响：一方面是影响照料者的劳动供给决策，改变劳动供给结构，但是对于长期护理保险制度与照料者劳动力市场产出之间的因果关系及影响程度并没有形成一致的结论（Geyer & Korfhage，2015；Kwon & Ko，2015）；另一方面是通过风险分散机制消除人们对于年老失能返贫的担忧，稳定他们对未来家庭经济状况的预期，减少其预防性储蓄动机，释放消费需求，提振内需。

近年来，许多国家或地区开始对长期护理保险制度进行财政补贴改革，引起了学术界的广泛关注。这些研究主要集中在财政补贴的可行性、财政补贴可持续性、财政补贴存在的问题、财政补贴方式、财政补贴水平测算以及不同地区财政补贴比较分析几个方面（田勇，2020；田勇，殷俊，2019；邓晶，邓文燕，2017），从经济增长视角对长期护理保险财政补贴问题进行深入而系统的研究还不多见，尤其是缺少能够解决财政补贴适度水平问题的理论方法与模型研究。对长期护理保险实施财政补贴，是积极履行政府财政职能的表现，是促进长期护理保险健康可持续发展的保障（Starr-McCluer，1996；Engen & Gruber，2001）。长期护理保险财政补贴是长期护理保险制度的重要筹资来源之一，也是制度可持续发展的重要保障（Cremer & Pestieau，2014；Goda，2011）。依据经济发展水平，适度调整长期护理保险财政补贴水平是提升保障绩效的有效途径，有利于保障失能人员的基本生活权益，是探索可持续发展体制机制的必然选择（周磊，王静曦，2019；孙正成，2013；陈璐，2013）。

在政策方面，2016年人社部办公厅发布《关于开展长期护理保险制度试点的指导意见》明确提出，"长期护理保险制度是应对人口老龄化、促进社会经济发展战略的重要举措，各地要根据当地经济发展水平和各方面的承受能力，建立与经济社会发展和保障水平相适应的动态筹资机制，合理确定基本保障范围和待遇标准"。各试点地区也都明确规定，长期护理保险筹资及财政补贴标准要根据经济发展水平进行动态调整，如青岛市《长期医疗护理保险管理办法》规定，"护理保险筹资机制和标准根据经济社会发展和实际运行情况适时调整"；安庆市《关于城镇职工长期护理保险试点的实施意见》规定，"财政补贴及筹资标准根据长护保险基金运行和保障水平变化等情况适时调整"；南通市《关于建立基本照护保险制度的意见（试行）》规定，"筹资标准根据人均可支配收入增长情况适时调整，并逐步提高财政补贴在筹资总额中的比重，建立动态稳定的筹资机制"。

事实上，政府在制定财政补贴政策的实践中，既要保证长期护理保险制度促进经济发展效应的释放，也要考虑财政负担能力的可持续性。因此，考虑长期护理保险财政补贴对生产要素及经济增长的作用，并根据经济增长水平制定动态调整机制很有必要。构建基于经济增长的长期护理保险财政补贴动态调整模型，通过对财政补贴水平和失能人员保障水平的适时适度调整，能够推动长期护理保险制度的可持续发展，进一步健全更加公平和可持续的社会保障体系，不断增加人民群众在共建共享发展中的获得感和幸福感（Lu et al.，2017）。本书将对长期护理保险财政补贴经济效应及动态调整问题进行研究，并给出财政补贴政策动态调整的政策建议。

1.3 研究目标与研究意义

1.3.1 研究目标

针对上述需要探讨或者研究的问题，确定本书研究的总体目标为：按照"界定长期护理保险财政补贴相关的基本概念→提炼和归纳长期护理保险财政补贴存在的现实问题→明确本书的研究方向和研究边界并形成系统的研究框架→估计财政补贴对劳动供给和储蓄等要素的影响及通过其传导作用对经济增长的作用→提出长期护理保险财政补贴动态调整分析方法→尝试给出典型试点地区长期护理保险财政补贴经济效应及动态调整的应用研究"的思想框架，对长期护理保险财政补贴经济效应及动态调整问题进行系统研究，充实长期护理保险财政补贴研究的理论体系，改进财政补贴动态调整方法的应用，为政府确定财政补贴的适度水平，推进长期护理保险发展提供决策参考。本书具体研究目标如下：

（1）在相关理论方面。通过对当前长期护理保险制度开展过程中需要考虑财政补贴对劳动供给、储蓄等生产要素产生的影响并经其传导作用对经济增长产生的影响，以及在经济增长目标下对财政补贴进行动态问题的提炼与归纳、国内外相关文献的梳理，以及长期护理保险、财政补贴、劳动供给、预防性储蓄、经济增长和长期护理保险财政补贴动态调整等相关概念的分析，明确本书研究的重点。拟完成的主要研究工作包括：第一，对长期护理保险制度发展历程进行划分，对财政补贴特征进行全面梳理，进而对财政补贴存在的问题进行提炼与总结；第二，剖析长期护理保险财政补贴通过劳动供给和家庭储蓄等生产要素的传导作用影响经济增长的作用机制，并提出了实证研究框架；第三，提出以经济增长为目标的长期护理保险财政补贴动态调整机制构建的基本思路及方法。

（2）在技术与方法方面。基于相关理论研究成果，拓展长期护理保险财政补贴的经济影响的研究。着力完成的研究工作包括：第一，分析长期护理保险财政补贴劳动供给效应的作用机制，并对其产生的劳动供给效应进行实证分析；第二，分析长期护理保险财政补贴储蓄效应的作用机制，并对其产生的储蓄效应进行实证分析；第三，以经济增长为目标构建长期护理保险财政补贴动态调整的系统动力学模型。通过本书研究，能够为政府制定在老龄化进程中促进经济发展的长期护理保险财政补贴政策提供具体的、适用的、可操作的技术方法。

（3）在实际应用方面。综合理论研究和技术方法研究的成果，并将其运用于长期护理保险财政补贴动态调整的实例研究，以青岛市职工长期护理保险为例，对长期护理保险财政补贴经济效应及动态调整具体问题进行系统分析和阐述，为政府的政策制定提供意见参考。

1.3.2 研究意义

长期护理保险财政补贴经济效应及动态调整研究，是一个具有前沿性和实用性的重要课题，对于丰富和发展长期护理保险财政补贴的基本理论，为政府提供长期护理保险财政补贴调整决策依据，解决当前长期护理保险财政补贴政策存在的现实问题，在理论和实际应用方面具有重要意义。

（1）理论意义。目前，有关长期护理保险财政补贴政策的研究文献较少，主要集中于补贴方式、补贴效率和政府财政负担能力的探讨，以及财政补贴政策的比较分析几个方面。本书将经济学的研究方法拓展应用到长期护理保险财政补贴动态调整机制问题中，基于财政补贴对劳动供给和储蓄投资等经济增长要素的影响效应，构建以经济增长为目标的长期护理保险财政补贴动态调整系统分析框架，为本书研究提供扎实的理论和逻辑分析基础，丰富了长期护理保险财政补贴的研究内容，对长期护理保险财政补贴的相关研究起到了推动作用。

（2）现实意义。2016年以来，我国长期护理保险试点在政府财政补贴支持下取得了较快发展。财政补贴是长期护理保险制度的最大亮点，不仅是长期护理保险制度重要筹资来源之一，也是制度可持续发展的重要保障。长期护理保险财政补贴政策确立的时间短，财政补贴标准、财政补贴方式等尚未定型，在这种情况下，更加需要各级政府科学决策。在本书的研究中，通过分析财政补贴对劳动供给、储蓄投资等经济增长要素的影响，构建了以经济增长为目标的长期护理保险财政补贴动态调整分析框架，形成了一套行之有效的财政补贴决策方法，为政府以适度的财政补贴水平调控长期护理保险有效运行提供了参考依据，有助于推动长期护理保险制度和经济增长的可持续发展。

1.4 研究内容、研究思路与研究方法

1.4.1 研究内容

本书围绕长期护理保险财政补贴，从理论与实践两个方面进行分析，分别测算了财政补贴对劳动供给和储蓄等经济增长要素的影响，在此基础上以经济增长为目标构建长期护理保险财政补贴动态调整机制，并将其应用到典型试点地区的实际政策决策分析中。依据本书的研究目标，确定本书的研究内容如下：

（1）长期护理保险财政补贴的相关概念和长期护理保险财政补贴经济效应及动态调整研究框架。通过对长期护理保险财政补贴相关概念的界定以及对已有长期护理保险及保险财政补贴研究文献的梳理，本书明确了重点关注的长期护理保险财政补贴经济效应及动态调整总体研究框架。

（2）长期护理保险财政补贴发展现状和存在的问题。本书首先从需求导向、经济保障、政策环境和产业支撑四个方面梳理长期护理保险制度建立的背景，并对长期护理保险制度发现的基本历程进行划分；然后从补贴对象、补贴方式和补贴环节三个方面对长期护理保险财政补贴特征进行归纳；最后挖掘长期护理保险财政补贴存在的问题。

（3）长期护理保险财政补贴对劳动供给的影响，以及通过其传导作用产生的经济增长效应。长期护理保险制度除了要免除老年失能风险给家庭经济造成严重冲击的后顾之忧，更重要的是有效调解家庭照料者的劳动供给。本书在梳理长期护理保险财政补贴影响劳动供给作用机制的基础上，基于离散选择面板数据模型，测算财政补贴的劳动供给效应；并进一步通过柯布－道格拉斯总量生产函数（即 C－D 函数），估计劳动投入变动产生的经济增长效应。

（4）长期护理保险财政补贴对储蓄的影响，以及通过其传导作用产生的经济增长效应。长期护理保险制度作为社会保障体系的一个重要分支对储蓄的影响是不可忽视的，它能够影响人们对老年失能风险的预期，促使其减少预防性储蓄。财政补贴的给付和上调意味着参保人收入的增加以及保障水平的提高。本书采用面板数据模型测算长期护理保险财政补贴对参保家庭储蓄的影响，考察财政补贴政策是否能够发挥其促进参保家庭合理储蓄的最佳效应；并进一步通过 C－D 函数，估计资本投入变动产生的经济增长效应。

（5）基于经济增长目标的长期护理保险财政补贴动态调整机制的构建及实际应用。在财政补贴对劳动供给和储蓄效应测算基础上，本书以经济增长为目标，构建长期护理保险财政补贴动态调整系统动力学模型，并以青岛市职工长期护理保险为例进行实例仿真分析。

1.4.2 研究思路

本书基本研究思路如图 1.1 所示。

第1章 绪　论

```
          长期护理保险财政补贴经济效应及动态调整研究
                            │
┌───────────────────────────┼───────────────────────────┐
│                  ┌────────────────────┐               │
│                  │ 分析研究背景和提出研究问题 │           │
│                  └────────────────────┘               │
│ 明                       │                            │
│ 晰       ┌────────────────────┐                       │
│ 研       │ 明确研究目标和研究意义 │                       │
│ 究       └────────────────────┘                       │
│ 问                       │                            │
│ 题  ┌──────────────────────────────┐                  │
│     │ 明确研究内容、研究思路和研究方法 │                  │
│     └──────────────────────────────┘                  │
│                         │                             │
│         ┌────────────────────┐                        │
│         │ 综述国内外相关研究成果 │                        │
│         └────────────────────┘                        │
└───────────────────────────┼───────────────────────────┘
┌───────────────────────────┼───────────────────────────┐
│ 提   ┌──────────────────────────┐                     │
│ 出   │ 长期护理保险财政补贴相关概念分析 │                 │
│ 研   └──────────────────────────┘                     │
│ 究                      │                             │
│ 框  ┌────────────────────────────────────┐            │
│ 架  │ 本书关注的长期护理保险财政补贴经济效应及动态 │         │
│     │     调整机制描述及对应的研究框架           │         │
│     │          （本书的主要贡献）                │         │
│     └────────────────────────────────────┘            │
└───────────────────────────┼───────────────────────────┘
┌───────────────────────────┼───────────────────────────┐
│ 给    ┌──────────────┐    ┌──────────────┐            │
│ 出    │ 长期护理保险财政补贴 │  │ 长期护理保险财政补贴 │        │
│ 分    │ 的劳动供给效应    │  │ 的储蓄效应      │        │
│ 析    │ （本书主要贡献）   │  │ （本书主要贡献）   │        │
│ 方    └──────────────┘    └──────────────┘            │
│ 法              │                │                    │
│ 与    ┌─────────────────────────────────────┐         │
│ 应    │ 以经济增长为目标的长期护理保险财政补贴动态调 │       │
│ 用    │ 整机制构建及应用研究（本书主要贡献）         │       │
│       └─────────────────────────────────────┘         │
└───────────────────────────┼───────────────────────────┘
                    ┌────────────┐
                    │  结论与展望  │
                    └────────────┘
```

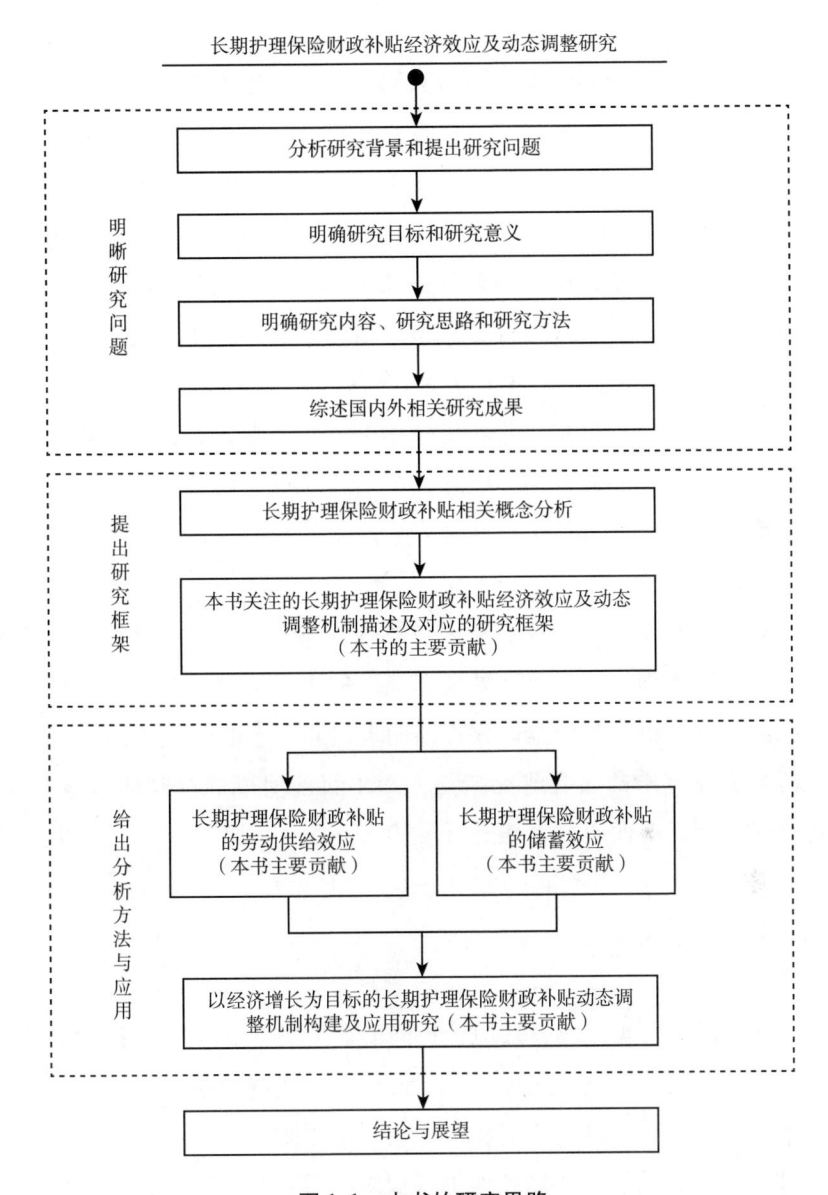

图 1.1　本书的研究思路

（1）针对试点地区长期护理保险财政补贴存在的现实问题，结合国内外学者在长期护理保险财政补贴问题研究方面取得的研究成果，提炼出具有科学价值的长期护理保险财政补贴经济效应及动态调整这一研究问题。

（2）针对长期护理保险财政补贴经济效应及动态调整这一研究问题，结合研究背景，明确研究目标及研究意义。

（3）为了实现研究目标，体现研究意义，确定相应的研究内容、研究思路和研究方法。

（4）梳理长期护理保险财政补贴相关理论研究成果，对已有研究成果的主要贡献与不足之处进行分析和总结，从而进一步明确要研究的问题，并为本书后续研究工作奠定基础。

（5）在对相关研究成果进行综述的基础上，明确长期护理保险财政补贴经济效应及动态调整相关概念，评估政府对长期护理保险进行财政补贴对劳动供给和储蓄等经济增长要素产生的影响，以及生产要素变动产生的经济增长效应。

（6）以经济增长为目标，引入灾难性支出发生率和适度保障水平模型，构建长期护理保险财政补贴动态调整的决策框架，结合一个典型试点地区的实例分析，验证本研究提出的理论与探索的方法。

（7）总结本书的主要研究结论，指出目前研究尚存在的欠缺之处，并对未来将要开展的研究工作进行展望。

1.4.3　研究方法

本书根据不同研究内容采用了不同的研究方法，主要包括归纳演绎法、文献研究法、调查研究法、统计分析法、系统分析法和仿真分析法等。基本研究内容与研究方法及其对应关系如图 1.2 所示。

（1）采用归纳演绎法对长期护理保险财政补贴经济及动态调整相关概念进行分析与界定。通过对已有研究成果的综述和分析，结合试点地区长期护理保险财政补贴的政策实践，综合归纳出长期护理保险财政补贴经济效应及动态调整相关概念，并进一步对财政补贴对劳动供给、储蓄投资等经济增长要素的影响进行分析。

```
研究内容                          研究方法
┌─────────────────────┐      ┌─────────────────────┐
│长期护理保险财政补贴经济效应│ ←→  │     归纳演绎法       │
│  及动态调整相关概念   │      │                     │
└─────────────────────┘      └─────────────────────┘

┌─────────────────────┐      ┌─────────────────────┐
│长期护理保险财政补贴经济效应│ ←→  │ 文献分析法和调查研究法 │
│  及动态调整研究框架   │      │                     │
└─────────────────────┘      └─────────────────────┘

┌─────────────────────┐      ┌─────────────────────┐
│长期护理保险财政补贴劳动供给│ ←→  │ 调查研究法和统计分析法│
│    效应和储蓄效应     │      │                     │
└─────────────────────┘      └─────────────────────┘

┌─────────────────────┐      ┌─────────────────────┐
│以经济增长为目标的长期护理保│ ←→  │ 系统分析法和仿真分析法│
│  险财政补贴动态调整分析│      │                     │
└─────────────────────┘      └─────────────────────┘
```

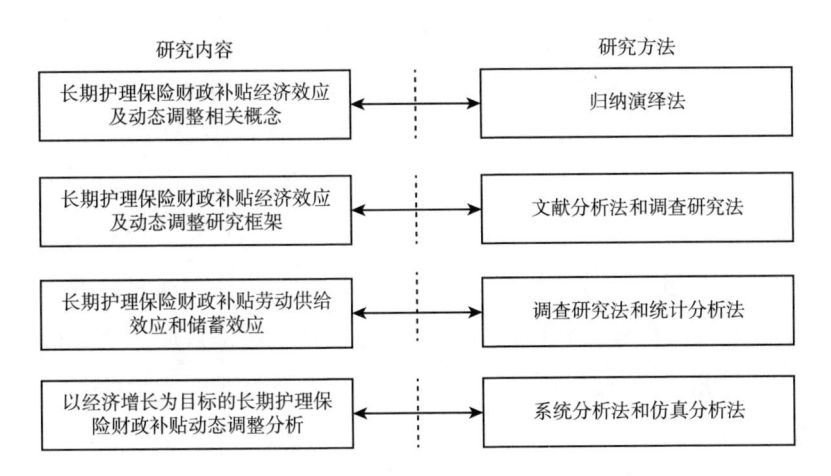

图 1.2　研究内容与研究方法及其对应关系

（2）采用文献分析法和调查研究法对长期护理保险和社会保障领域财政补贴政策的国内外相关研究成果进行归纳整理，并在此基础上系统分析我国长期护理保险财政补贴现状及存在的问题，明确对长期护理保险财政补贴经济效应及动态调整问题进行研究的重要性，并形成系统的分析框架。

（3）采用调查研究法和统计分析法对财政补贴对劳动供给、储蓄等经济增长要素的影响程度进行估计，和对生产要素变动产生的经济增长效应进行估计，为进一步构建以经济增长为目标的长期护理保险财政补贴动态调整机制奠定基础。

（4）采用系统分析法和仿真分析法，构建以经济增长为目标的长期护理保险财政补贴动态调整系统动力学模型，模拟分析不同经济增长目标下的长期护理保险财政补贴动态调整问题。

1.5　本书章节安排

本书由 8 个章节构成，具体结构如下：

第1章：绪论。首先，介绍了本书的研究背景，明确本书的研究范围、研究目标与研究意义；然后，确定具体的研究内容、研究思路与研究方法，并给出本书的结构；最后阐述了本书的主要创新点。

第2章：相关研究文献综述。首先，从文献检索范围、相关文献分析以及学术趋势三个方面对文献检索情况进行全面分析；然后，从长期护理保险建立的经济环境、制度模式和筹资机制三个方面对长期护理保险研究进行文献综述；从财政补贴比例、方式及经济效应三个方面对保险财政补贴相关研究进行文献综述；最后，对已有研究成果的贡献与不足之处进行述评。

第3章：相关概念、理论基础与分析框架。首先，界定本书研究所涉及的长期护理保险、长期护理保险财政补贴、劳动供给、预防性储蓄、经济增长和长期护理保险财政补贴动态调整等相关概念；然后，阐述本研究的理论基础，包括社会保障理论、劳动供给理论、预防性储蓄理论、财政补贴理论和经济增长理论；最后，提出长期护理保险财政补贴经济效应及动态调整研究的分析框架。

第4章：长期护理保险财政补贴现状及存在的问题。首先，梳理长期护理保险制度建立的背景及发展的基本历程；然后，从补贴对象、补贴方式和补贴环节三个维度总结归纳长期护理保险财政补贴特征；最后，提炼长期护理保险财政补贴存在的问题。

第5章：长期护理保险财政补贴的劳动供给效应。首先，对长期护理保险财政补贴影响劳动供给的作用机制进行理论分析；然后，构建长期护理保险财政补贴影响劳动供给的计量模型；最后，实证分析长期护理保险财政补贴对劳动参与率和劳动供给时间的影响。

第6章：长期护理保险财政补贴的储蓄效应。首先，对长期护理保险财政补贴影响储蓄的作用机制进行理论分析；然后，构建长期护理保险财政补贴影响储蓄的计量模型；最后，实证分析长期护理保险财政补贴对家庭储蓄增长率和家庭储蓄倾向的影响。

第7章：长期护理保险财政补贴动态调整机制。首先，论述以经济增长为目标构建财政补贴动态调整机制的必要性；然后，系统梳理试点地区长期护理保险基金运行系统的因果关系，并在此基础上构建基于经济增长的长期护理保险财政补贴动态调整系统动力学模型；再然后，以青岛市职工长期护理保险为例，测算财政补贴动态调整幅度；最后，基于人口政策改变和待遇水平改变两个重要影响因素进行敏感性分析。

第8章：结论与展望。总结与阐述本书的主要成果及结论，并分析本书研究工作的局限及后续研究工作展望。

1.6 主要创新点

（1）给出了长期护理保险财政补贴经济效应及动态调整研究框架。目前，关于长期护理保险财政补贴问题的研究较为零散，大多局限于对试点地区现行的财政补贴模式进行比较分析和不同筹资模式下个人与财政补贴责任分担比例问题，尚未建立起系统可行的长期护理保险财政补贴经济效应及动态调整研究框架，制约了对长期护理保险财政补贴问题全面而深入的研究。对长期护理保险进行财政补贴要充分考虑经济发展因素，系统评估和测算财政补贴对劳动供给和储蓄等生产要素的影响，以及通过生产要素的传导机制产生的经济增长效应，才能为财政补贴动态调整优化提供全面可靠的依据。本书基于劳动供给理论和预防性储蓄理论，首先分析了长期护理保险财政补贴影响个人或家庭劳动供给决策和家庭储蓄的作用机制，然后构建长期护理保险财政补贴影响劳动供给和储蓄的计量模型，测算了其对劳动参与率和劳动供给时间、家庭储蓄增长率和家庭储蓄倾向的影响效果，再根据 C－D 函数估计劳动和资本等生产要素变动所产生的经济增长效应大小；最后提出以经济增长为目标的长期护理保险财政补贴动态调整研究理论框架。本研究有利于丰富财政补贴经济效应理论研究成果，具有一定的创新性。

（2）将灾难性支出发生率引入适度保障水平模型，强化了长期护理保险财政补贴与经济增长的内在联系。现有文献大多基于适度保障水平理论对医疗保险和长期护理保险适度保障问题展开研究，将劳动生产要素分配系数和医疗保险基金支出或者长期护理保险基金支出占工资总额的比重等作为确定适度保障水平区间的依据，而忽视了灾难性支出发生率指标。长期护理保险的核心功能之一就是能够有效减少因高额的长期护理费用支出导致家庭陷入灾难性支出泥潭的风险。本书将灾难性支出发生率引入适度保障水平模型，提出将灾难性支出发生率处于区间（15%，40%）时的保障水平作为适度保障水平区间，从而确定符合适度保障水平的长期护理保险基金筹资目标，为测算不同经济增长目标和筹资机制下的财政补贴力度提供依据。

（3）挖掘出了新的研究方法，提高了本书所提研究框架的可操作性。社会系统动力学是研究动态复杂系统的有效工具，被称为"政策实验室"，其特点是通过提供结构化的思考方法，为平行考虑社会经济动态复杂系统的诸多要素提供了途径，能够帮助我们从对经济系统细节的认知以及要素之间的定量关系构建系统结构的整体框架，从而找到系统的规律，进而获取投入小而效益大的理性决策规则。将社会系统动力学研究方法应用于基于经济增长的长期护理保险财政补贴动态调整测算中，并以青岛市职工长期护理保险为例，测算了不同经济增长目标和筹资情境下的财政补贴力度，为政府制定长期护理保险财政补贴政策提供决策参考。

第2章

相关研究文献综述

长期护理保险财政补贴动态调整机制的构建，对于我国长期护理保险制度的全面实施具有重大指导意义，是一个值得研究的重要课题。长期护理保险相关研究已经引起了国内外学者们的广泛关注。目前，可以看到国内外许多学者从不同视角对长期护理保险政策以及筹资过程中的政府责任进行了大量研究，取得了一定的研究成果，这些研究成果是本书后续研究工作的重要基础。同时，已有的关于长期护理保险筹资模式和政府在筹资中的财政负担水平等相关研究中涉及的理论与方法对于本书的研究亦具有很好的借鉴和参考价值。本章分别从长期护理保险和保险财政补贴两个方面进行相关研究成果的文献综述。在文献检索时，以公开的国内外学术数据库为主要检索源。本章通过对与长期护理保险和保险财政补贴等相关研究文献的综述与分析，总结目前关于长期护理保险财政补贴研究的主要贡献和不足之处，为后续章节研究工作的展开奠定基础。

2.1 文献检索情况概述

本节主要对长期护理保险财政补贴经济效应及动态调整相关研究文

献检索情况进行简要介绍和说明，主要包括文献检索范围分析、相关文献情况分析和学术研究趋势分析三个方面。

2.1.1 文献检索范围分析

为了明确文献的综述范围，这里首先对长期护理保险财政补贴问题研究的发展历史和脉络进行分析，从而进一步确定本书研究主题的范畴和所需的相关文献。关于长期护理保险财政补贴问题的研究，已有文献大多是从筹资模式及水平、补贴方式、财政负担能力几个方面展开研究的；从经济增长视角对长期护理保险财政补贴问题进行研究的文献较少。鉴于此，有必要对长期护理保险筹资过程中的财政补贴问题进行提炼，在此基础上进一步探讨长期护理保险财政补贴经济效应及动态调整问题。

综上所述，与本书研究问题相关的文献主要包括如下两个方面：一是与长期护理保险相关的研究文献，包括长期护理保险制度起源的社会经济背景、长期护理保险制度模式和长期护理保险筹资机制的研究文献；二是与保险财政补贴相关的研究文献，包括财政补贴方式、财政负担水平、财政补贴与经济增长的互动关系等的研究文献。

2.1.2 相关文献情况分析

本书以中国学术期刊网全文数据库（CNKI）、Elsevier Science、IEL全文数据库、美国运筹与管理学会 Informs 数据库（含12种全文期刊）、Emerald 数据库、Wiley InterScience 数据库、Springer Link 全文数据库、EBSCO 数据库作为检索源，采用题名或者关键词检索方式进行文献检索。中文以"长期护理保险""保险财政补贴"（以及相近语）为题名或关键词进行检索；英文以"long term care insurance""insurance subsidy"（以及相近语）为题名或关键词进行检索。

截至 2020 年 3 月 6 日，从中英文数据库中检索到上述主题的中文和英文一般相关文献数量以及与本书研究密切相关的文献数量如表 2.1 所示。表中对检索条件进行了列举和说明。通过对这些国内外文献的进一步浏览与分类，并依据本书的研究需要，本章将从长期护理保险和保险财政补贴两个方面进行文献的简要回顾和评述。

表 2.1　　　　　　　相关文献检索情况

检索源	检索词	篇数	相关文献篇数	检索条件	时间
CNKI	长期护理保险	656	108	主题/篇名/关键词	2010~2020 年
	保险财政补贴	46	15		
Elsevier Science	long term care insurance	976	156	Title/Keywords	2010~2020 年
	insurance subsidy	88	26		
IEL	long term care insurance	3	3	Title	2010~2020 年
	insurance subsidy	14	2		
Informs	long term care insurance	416	38	Title/Abstract	2010~2020 年
	insurance subsidy	136	20		
Emerald	long term care insurance	426	145	Keywords	2010~2020 年
	insurance subsidy	90	43		
Wiley Inter Science	long term care insurance	427	221	Title/Keywords	2010~2020 年
	insurance subsidy	87	44		
Springer Link	long term care insurance	392	198	Title	2010~2020 年
	insurance subsidy	51	25		
EBSCO	long term care insurance	208	142	Title	2010~2020 年
	insurance subsidy	45	10		
合计		4061	1196		

2.1.3　学术趋势分析

为了表明长期护理保险财政补贴的研究趋势，笔者以 CNKI 知识搜索中的"学术趋势"为工具，分别以"长期护理保险"和"保险财政补贴"两个研究主题的学术趋势进行了分析。图2.1和图2.2展示了长期护理保险的学术关注度和学术传播度；图2.3和图2.4展示了保险财政补贴的学术关注度和学术传播度。

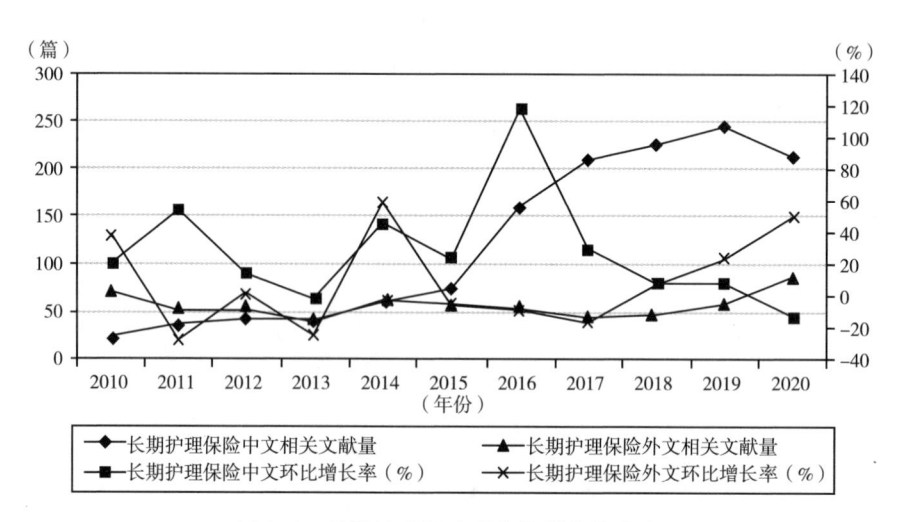

图2.1 长期护理保险研究的学术关注度

资料来源：笔者根据中国知网指数分析数据整理。

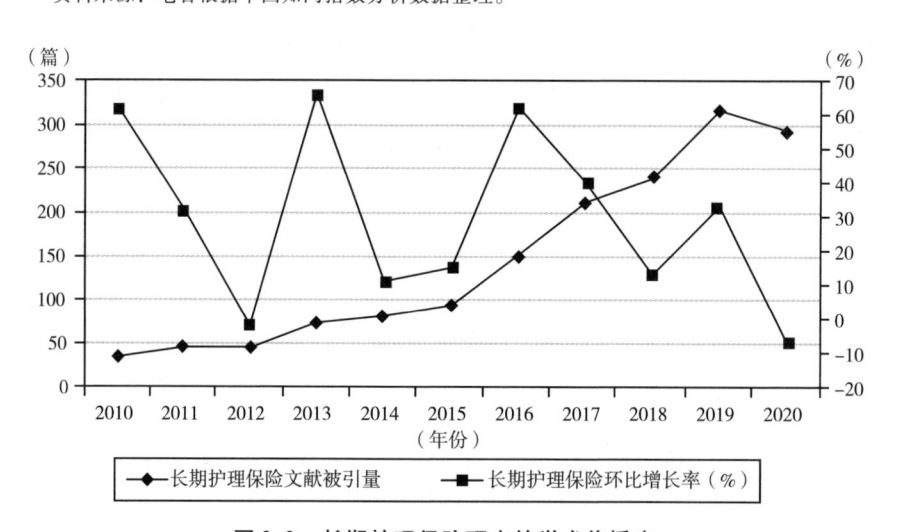

图2.2 长期护理保险研究的学术传播度

资料来源：笔者根据中国知网指数分析数据整理。

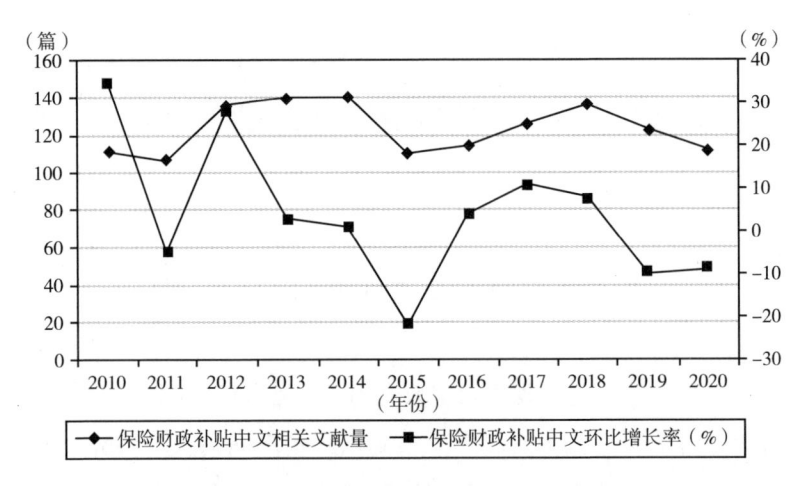

图 2.3　保险财政补贴研究的学术关注度

资料来源：笔者根据中国知网指数分析数据整理。

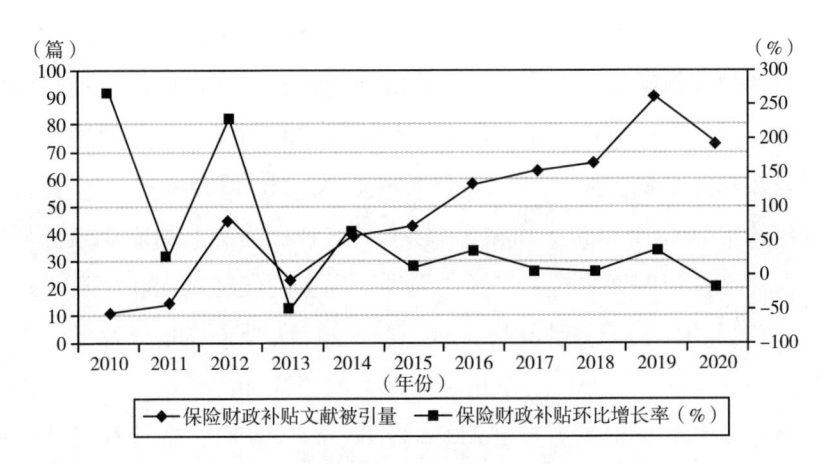

图 2.4　保险财政补贴研究的学术传播度

资料来源：笔者根据中国知网指数分析数据整理。

通过对"长期护理保险"和"保险财政补贴"两个研究主题的学术趋势图可以看出，关于长期护理保险和保险财政补贴的研究呈逐步上升趋势，随着我国长期护理保险制度试点工作的开展，长期护理保险财政补贴经济效应及动态调整研究是一个越来越受到关注的热点问题，进而说明了本书研究的价值和意义。

2.2 关于长期护理保险的研究

2.2.1 长期护理保险与经济发展

长期护理保险是为实现人口老龄化社会经济持续增长而诞生的一项保险制度，由于各国经济发展水平和文化背景不同，目前世界上的长期护理保险主要分为社会型和商业型两种模式。在国外，荷兰、法国、卢森堡、以色列、德国、日本、韩国等国家均采用社会型长期护理保险模式（戴卫东，2016），而美国则主要采用商业型长期护理保险模式。在探讨长期护理保险模式选择时，要清醒地认识到这项制度产生的经济社会局势，以便找准定位、定准目标。凭借其"欧洲门户"的地理位置和美国马歇尔计划的援助，荷兰经济加速发展，在1960~1973年间，荷兰每年的实际GDP增长率均在3%以上，这种极为有利的宏观经济环境为荷兰社会保障制度的扩大化倾向提供了现实的经济基础和社会心理动机（余洋，2012）。与此同时，荷兰政府一直认为市场是导致低效率和不公平的一个重要源泉，力图用一个庞大的公共部门包括一个慷慨的社会保障制度来纠正市场失灵（Alders & Schut，2019），在这种经济形势下，荷兰于1968年建立长期护理保险制度作为医疗保险分属品种。此时荷兰国内经济发展较好（人均GDP为20283美元），加之制度覆盖面广，长期护理保险费用占GDP比重位居世界前列。由于荷兰的护理成本较高，制度成立50多年以来一直进行改革和完善。可见，在制度构建过程中要遵循长期护理保险的发展规律，根据自身国情和民情循序渐进，不能急于求成（胡苏云，2017）。1948年以色列建国后经济发展十分迅速，政府的经济发展调整战略和美国的无偿援助使以色列很快跻身于世界发达国家行列，由于在经济高速增长过程中忽略了收入分配问题，产生了严重的社会贫富差距和两极分化。在"社会经济综合发展"的新经济发展战略指导下，以色列政府于 1988 年实行长期护理保险制度，用以平抑社会贫富差距，大大减轻了家庭的经济压力（戴卫东，2008）。20 世纪 90 年代之前，德国的长期护理任务主要由家庭承担，随着人口老龄化形势越来越严峻，导致大多数家庭中的家属不得不放弃本职工作来照顾老年人或者失能者，导致许多家庭面临严重的经济负担（Arntz & Thomsen，2011）。为了缓解人口老龄化给经济社会带来的巨大压力，德国于 1994 年 4 月颁布《长期护理保险法案》，并于 5 月份实施，成为继养老、健康、工伤和失业保险之外的第五大社会保险项目（赵秀斋，2018）。关于德国长期护理保险制度的文献非常有限，英文文献更少。较为详尽的一篇论文是迈耶（Jörg A. Meyer）于 1996 年写的《通往护理保险之路》，他将社会经济与以博弈人为核心的解释性变量结合起来分析长期护理保险的不同阶段，发现社会经济压力对长期护理保险制度的演化具有重要影响[1]。而戈廷等（Götting et al.，1994）认为，从经济视角分析政策扩张的决定因素是不牢靠的。拉尔夫·格茨等（2015）从财政和社会政策交互视角分析了德国长期护理保险制度的变迁和演化过程，他们认为出于经济考量，地方政府和慈善机构应该积极倡导老年人及其家庭参与长期护理保险。二战后日本经济经历了一个基于人口红利的经济高速增长期，随着经济社会的发展，老龄化程度越来越严重，严重削弱了劳动力供给数量和质量，致使人工成本上涨，给企业带来了严重的经济负担，进而影响了日本经济的整体发展，导致长期低迷甚至出现了停滞和倒退现象[2]。经济增长乏力是推动长期护理保险制度实施的重要因素（Ikegami，1997；Campbell & Ikegami，2000；Cuellar & Wiener，1999）。韩国是亚洲经济发展水平较高的国家之一，但难免也遭受了

---

[1] 转引自 Geraedts M，Heller G V，Harrington C A. Germany's long-term-care insurance：Putting a social insurance model into practice [J]. The Milbank Quarterly，2000，78（3）：375 – 401.

[2] 池田敬正. 日本福利社会的发展历程 [M]. 日本：法律文化社，1994.

来自人口老龄化导致的经济衰退，低生育率和迅速老龄化的人口趋势给以增长为导向的韩国社会敲响了警钟（Kim & Choi，2013；Yoon，2013），传统家庭结构的崩溃、社区联系的松散、核心家庭的非典型或改革模式的出现以及妇女就业人数的增加，都意味着韩国家庭所提供的传统安全网已延伸到其崩溃点（Kim et al.，2010；Kim et al.，2011）。与迅速老龄化的人口相一致，韩国老年人的医疗保健支出也大幅增加。2002～2007年间，与老年疾病治疗相关的医疗费用增加了192.5%（Song，2009）。政府通过引进和扩大各种社会政策对老龄社会经济下滑压力做出了回应，于2008年4月制定了《老年人长期护理保险法》，并于2008年7月1日开始实施（Seok，2010）。坎贝尔（Camppbell，2010）比较研究了美国和德国的长期照护制度，认为美国依靠商业保险形式的长期照护制度最终将失败。从荆涛（2006）的研究中得知，在美国的长期护理保险建立之前，里夫林和威纳（Rivlin & Wiener，1988）率先提出了"谁为老年人长期护理付费"的问题。施尼佩尔（Schnepper，2001）随后也将能否负担得起长期护理保险费用作为一项重要提议提出，这些课题普遍反映了支付长期护理保险费用带来的经济压力。在研究学者提出建议之后，美国由于当时的金融体系较为发达，20世纪80年代中期借助这一优势建立了以商业保险为核心的长期护理保险制度，同时政府加强对该保险的监督与管理，确保了该护理保险制度的健康运营（荆涛，2006）。通过国内外学者对长期护理保险制度实施的原因分析不难发现，所有实施长期护理保险的国家均是由于人口老龄化引起劳动力供给结构发生变化进而阻滞了经济持续增长而实施的（Brown & Finkelstein，2011；Matsuda & Yamamoto，2001；Ichien，2005）。

2.2.2 长期护理保险制度模式

在2016年我国实行长期护理保险试点政策之前，国内的研究文献大多集中在对国外制度框架的分析、经验借鉴及我国制度模式的选择问题。荆涛对美国和日本的长期护理保险经验进行了详细的比较分析，提出了我国发展长期护理保险制度的构想，建议实行"第一步采取商业长期护理保险模式；第二步采取社会型和商业型长期护理保险相结合模式；第三步采取政府强制的全民长期护理保险模式"的适合中国国情的三步走发展模式（荆涛，2005，2010）。张昀（2016）对日本长期护理保险进行系统梳理后，提出了和荆涛一致的观点，即采取三步走的制度模式：第一步充实保险公司推出的护理保险产品；第二步开展社会保障型护理保险的基本建设，形成商业保险与社会保险并存的模式；第三步在自主参保的社会保障型护理保险发展到一定阶段后，实行强制性的全民长期护理保险制度。戴卫东对国外多个国家的长期护理保险制度进行分析与评价后，认为我国应该建立社会型长期照护制度（戴卫东，2008，2011，2016）。支持这种观点的还有吕国营和韩丽（2014）、刘昌平和毛婷（2016）。张盈华（2020）、吕学静和许东黎（2017）、何文炯（2015）等则认为应该由政府出资为贫困老人建立长期照护救助制度，即采取补缺制的社会救助模式。彭荣（2017）和姜向群（2013）认为我国应该鼓励发展商业长期照护保险以解决老年人的长期照护难题。余紫君、赵晨悦和褚淑贞（2019）从覆盖人群、筹资、待遇给付和成本控制等方面对中国和德国的长期护理保险制度进行了对比分析，并从上述四个方面分别给出了解决对策。江崇光、沈澈和刘纯（2018）介绍了法国相互制长期护理保险制度，建议我国可以将其纳入企业补充医疗保险或者个人健康计划。

自2016年我国实行长期护理保险试点政策以后，国内学者对长期护理保险的研究集中于中国长期护理保险制度框架设计、试点地区制度介绍及经验总结、政策评析与优化、制度与经济发展协调程度等方面。钟仁耀和宋雪程（2017）从制度的基本属性、资金来源、实施范围和服务保障等方面进行了长期护理保险制度框架设计，建议在低水平、保基本的基本原则下，构建具有强制性和统一性的制度模式，并注重社会福利性的体现。曹信邦（2018）分析了中国构建长期护理保险制度的现实困境，提出了"三步走"的渐进式实现路径，即在制度创建期、完善期和成熟期分别制定不同目标和策略，不断推进和完善制度发展。孙敬华

(2019)基于社会福利政策分析框架，从供给类型、输送系统、社会分配基础及财务模式四个方面综合评析了试点城市在长期护理保险制度建设中的共性及暴露出来的问题，建议构建三层次的长期护理保险体系，以满足不同层次人群保障需求。胡苏云（2017）对上海市长期护理保险制度进行了全面分析，并为制度优化提出了政策建议。邵文娟（2018）对青岛市长期护理保险制度的实施进行了经验总结，并分析了制度存在的现实困境，提出了制度完善的相关建议。王群、汤未和曹慧媛（2018）从制度覆盖群体、融资模式、受益对象、待遇方式和待遇水平等五个方面分析了我国 14 个试点城市的长期护理保险制度实施情况，建议分期提高制度保障范围、建立体现政府和个人筹资责任的多渠道融资机制、促进多元服务市场发展和构建补偿支付和定额支付有机结合的中国特色待遇支付模式。卢婷（2019）基于对 15 个试点城市长期护理保险制度的全面梳理，提出了未来要从提高覆盖范围和保障范围、拓宽基金收入来源、加强服务管理等方面加强制度的完善和发展。关博和朱小玉（2019）对中国试点的长期护理保险制度进行了全面评估，在此基础上提出了从试点过渡到全面建制的政策建议。海龙、尹海燕和张晓图（2018）对首批试点的 15 个城市长期护理保险制度的覆盖范围、融资渠道、服务管理及保障水平等方面进行了政策评析，并给出了相应的优化政策建议。陈凯和赵娜（2019）构建了长期护理保险制度与区域经济发展耦合协调系统指标体系，并在此基础上评价了 12 个试点地区长期护理制度与其当地经济发展水平的协调程度，发现长期护理保险制度发展水平和区域经济发展水平存在相互制约关系，大多数试点城市存在二者失调的问题，并为推进二者协调发展提出了政策建议。

2.2.3 长期护理保险筹资机制

筹资问题是长期护理保险研究的核心议题，主要有财税筹资和保险筹资两种（文太林，2018）。史蒂文斯（Stevens et al., 2011）将长期护理保险制度的筹资渠道归纳为个人储蓄、政府税收（包括一般税、现金补贴和照护服务补助等)、社会保险和商业保险四种。现有文献对长期护理保险筹资的研究主要分为国际上长期护理保险筹资机制介绍、基于国外筹资模式的中国长期保险筹资水平测算和基于国家经济状况进行筹资的实证分析(刘易斯,2017)。

池田敬正(1994)、池上直己(Ikegami,1997)、坎贝尔和池上直己(Campbell & Ikegami,2000)等对日本长期护理保险筹资模式和筹资水平进行了详细介绍与分析。周加艳和沈勤(2017)则着重论述了日本迫于人口快速老龄化所带来的护理需求压力和不断攀升的护理支出成本,在 2005~2017 年间进行的以筹资优化为核心的一系列改革。翟绍果、马丽和万琳静(2016)对日本长期护理保险制度核心问题进行了详细辨析,建议中国构建长期护理保险制度时采取多方共同参与的筹资模式。一些学者对德国长期护理保险整体框架进行了介绍,包括对筹资模式和筹资水平的分析(Goerke,1996;Geraedts et al.,2000;Zuchandke et al.,2010)。德国长期护理保险制度筹资中强调福利多元主义理念(刘芳,2018),参保人收入水平决定其参加何种筹资安排方式(何林广、陈滔,2006),筹资过程中强调个人保险责任和成本控制措施相结合的原则。通过对德国模式的探讨,和红(2016)建议我国长期护理保险在筹资过程中建立责任共担的多渠道筹资机制。以色列长期护理保险制度由建立之初的"企业+个人"双方承担的筹资模式,逐渐改革过渡到"企业+个人+政府"三方共同承担的筹资模式,在减轻企业和个人缴费负担的同时,确保了整体筹资水平不变(Ajzenstadt & Rosenhek,2000)。2011 年,经济合作与发展组织分析总结了包括欧亚七国在内的比较典型的长期护理保险制度筹资情况,大多数国家的筹资机制都有待优化和完善(Karlsson et al.,2007;Yoon,2011;Yoo et al.,2004)。孙洁和蒋悦竹(2018)梳理了社会长期护理保险筹资机制的理论框架,他们认为长期护理保险基金的筹集应遵循收支平衡、略有结余的方式以确保制度的正常运行,同时,在长期动态发展过程中,应把握好筹集的步骤和关键点,实现综合平衡,以支撑经济社会的全面发展。一套完整的社会长期护理保险筹资机制需要统筹考虑筹资主体范围、筹资水平、各主体承担比例、筹资方式和收支平衡实现方式等多个方面。

戴卫东（2011）根据德国和日本社会长期护理保险筹资水平与医疗保险筹资水平的比率关系，估算我国基本医疗保险筹资水平6%情况下的社会长期护理保险筹资水平为0.75%，并建议将筹资水平调整到1%。陈璐和徐南南（2013）基于德国和日本的社会长期护理保险筹资模式，在不同护理成本情境下，测算了1995~2010年间中国城镇和农村长期护理保险的筹资水平大致处于0.07%~0.26%之间，虽然总体水平不高，但是增长迅猛。按照德国模式测算的筹资水平低于日本模式的筹资水平并且城镇的筹资水平表现出先降后升的趋势。林宝（2016）分析了长期护理保险筹资水平的影响因素，测算了现收现付制筹资方式下2014~2050中国长期护理保险筹资水平及其动态变化趋势，发现实际所需的筹资水平并不高，可以通过调整社会保障制度结构、划拨国有资产等多种途径来推动长期护理保险制度的建立。周海珍和杨馥忆（2014）、荆涛等（2016）对政策性长期护理保险保费定价问题进行了研究，认为政策性长期护理保险的价格远低于商业保险价格，效率高于社会性长期护理保险。邓晶和邓文燕（2017）对中国长期护理保险第一批试点城市的筹资机制进行比较分析后发现：长期护理保险筹资存在着来源较单一、缺乏激励措施、筹资总体水平不高、筹资公平性有待改善等问题。吴海波、邵英杰和周桐（2018）对全国15个长期护理保险试点地区筹资机制进行研究后发现：虽然各地区筹资机制各具特色，但是存在筹资定位不清晰、筹资渠道狭窄、筹资方式欠科学、筹资标准不规范等问题，建议建立多渠道为依托的独立筹资体系，并且筹资标准要与社会保障水平相适应。刘易斯（2017）对上海市长期护理保险试点方案及筹资渠道进行了分析，基于ILO筹资模型测算出上海市老年长期护理保险筹资水平的理论值为0.61%。王竹可（2019）在对国外和国内试点城市的筹资机制研究后，采用ILO筹资模型对未来我国长期护理保险筹资水平进行了测算，并构建了筹资水平的动态调整机制。

潘文(2012)对上海市老年群体的长期护理需求及对应的长期护理保险需求特征进行了实地调查与实证分析,建议采取"以支定收,现收现付"的筹资模式,分别按照日本长期护理保险筹资标准和上海城镇职工基本医疗保险筹资标准测算了护理保险高、中、低三档筹资水平,并建议对筹资水平每五年进行一次调整,以便妥善处理好积累与消费的关系,确保收支平衡。浙江省老年人长期照护保障制度研究课题组(2013)在对浙江省长期照护老人抽样调查实证分析基础上,设计了两个社会救助模式下的筹资方案和四个社会保险模式下的筹资方案,建议将统筹规划的老年人长期照护保障制度纳入社会政策计划。

2.3 关于保险财政补贴的研究

2.3.1 财政补贴比例

从全世界各国及地区的实践来看,财政补贴在社会长期护理保险筹资过程中扮演了重要角色,在国内外有关长期护理保险的研究文献中,多有提及政府责任和财政补贴比例等问题。日本由中央政府、都道府县和市町村三个层级的政府共同承担长期护理保险费的50%,其中:中央政府承担20%;都道府县承担17.5%;市町村承担12.5%(Stevens et al.,2011)。韩国中央政府及地方政府承担20%的长期护理保险制度运营费用(田香兰,2019);韩国中央政府对长期护理保险进行财政补贴的比例为筹资预算总额20%(Kwon,2009;Seok,2010;Kang et al.,2012)。德国于2008年7月1日开始,通过财政全额负担设立长期护理保险储备金作为调剂金(Harrington et al.,2002)。卢森堡财政补贴比例约占长期护理保险费用的45%(Badcock & Lenzen,2010)。以色列从2011年开始,政府按照0.02%的比例对长期护理保险进行财政补贴

（Asiskovitch S，2013）。美国虽然没有建立公共长期护理保险制度，政府不直接为长期护理保险提供资金，但是政府会通过各种优惠政策来支持私人长期护理保险发展，如对符合税收优惠的投保人给予税前抵扣、为员工投保长期护理保险的企业可以享受税收优惠、政府为符合医疗援助计划条件的老年人的长期护理费用买单等（韩瑞峰，2016）。基于对英国的调查发现，89%的英国国民认为政府应该对长期照护制度提供资金支持，且年轻人更倾向由政府为老年人承担筹资责任（Costa-Font et al.，2008）。对爱尔兰的研究表明，60岁以上的调查者认为政府应该承担老年人的长期照护责任（McSweeney & Williams，2018）。

我国大部分试点地区在筹资过程中也都体现了政府对制度运行的财政补贴责任（董子越，李颖，张永杰，2019；孙凌雪，冯广刚，米红，2020；安平平，陈宁，熊波，2017；罗梅璇子，2019；刘田静，2019；海龙，尹海燕，张晓囡，2018；盛政，何蓓，朱蕾艳，2020；周硕，2018）。

2.3.2 财政补贴方式

现有大多数文献对长期护理保险财政补贴仅限于简单介绍，而对财政补贴方式及动态调整问题做深入研究的文献较少。有学者从政府角度出发，对北京市政策性长期护理保险的财政补贴制度进行了研究，由于补贴方式单一、补贴不合理、缺乏差异化等原因，北京市目前的财政补贴政策不能完全调动商业保险公司的积极性（Costa-Font & Courbage，2015；荆涛，杨舒，朱海，2017）。财政补贴是一把双刃剑，过多的补贴会增加财政负担，而且对私人保险存在"挤出效应"，造成效率损失。以政府财政补贴支出总额度为约束条件，对政府补贴最优比例的探讨对于补贴制度的构建具有很好的指导意义。经数理模型分析发现，最优补贴比例与保险覆盖率之间同时存在需求函数及约束条件下最优化函数关系，建议北京市海淀区试点的政策性长期护理保险也采取保费补贴方式，适当提高财政补贴额度的同时拓宽筹资渠道，并实行差异化的补贴比例。文太林和孔金平（2020）从公平与发展视角深度探讨了中国长期照护筹资与公共财政转型问题，发现我国长期护理保险财政补贴政策存在两方面大的问题，分别为：对高龄津贴、养老服务补贴和护理补贴等三大补贴政策的适用对象和条件厘定不清；财政补贴投入少、覆盖范围小、财政补贴欠公平、效率低等问题。面对这些问题，基于能促型国家视角，文太林和孔金平（2020）提出了中国长期照护财政筹资治理转型的诸多建议，如：转变财政补贴支出方式；有效配置财政资源以便发挥财政资金的最大效益；以大财政视角，对家庭照顾者、社区养老机构、养老服务机构等主体给予一定的帮扶和财政支持；通过缴费补助、管理费用和兜底责任等方式对社会长期护理保险予以财政补贴，通过税收优惠政策对商业长期护理保险进行财政支持。文太林和张晓亮（2020）通过对15个试点城市的财政补贴政策进行比较分析发现，试点地市的财政补贴存在诸多问题，如财政补贴法制建设滞后，政府、企业和个人的筹资责任不明晰；对财政补贴受益对象的定位存在偏差，补贴对象泛化；财政补贴责任异化，部分试点城市通过"补出口"来实现长期护理保险基金的平稳运行，这种"补出口"的补贴方式如果不加以规范，将影响财政支持能力的可持续性；当前定额补贴和定比补贴方式存在一些弊端，财政补贴方式不够细致，缺乏灵活性等问题。他们建议将长期护理保险作为独立险种实施，完善相关法律法规，对补贴对象、补贴方式、责任主体和补贴程序等需做出明确规定；将目前的"普惠型"补贴方式转变为"补缺型"补贴方式，通过差异化的补贴提高财政资金使用效率；突出财政补贴的"支持性"责任，切忌"兜底型"补贴常态化。

量化长期护理保险财政补贴产生的劳动效应主要基于照料者在非正式照料和劳动参与上的权衡。盖耶等（Geyer et al.，2017）以德国长期护理保险制度为例，在财政支出总额不变的预算约束下，测算了减少对"非正式护理"的财政补贴、增加对"正式护理"的财政补贴情况下所产生的财政影响，研究发现将财政补贴由"非正式护理"领域转入"正式护理"领域后，极大地刺激了劳动供给积极性，尤其是女性劳动力显著增加，对社会保障缴费和所得税增加均产生了积极的正向作用。田勇（2020）在对城乡居民和城镇职工长期护理保险需求测算的基础上，构建了医疗保险精算模型，对中国长期护理保险财政负担能力进行了研究，研究发现城乡居民长期护理保险表现出可控范围内的财政支出压力增加迹象，而职工长期护理保险则对医疗保险造成了严重的不可持续的威胁，需要通过改革加以解决。田勇（2020）、田勇和殷俊（2019）认为，中国长期护理保险财政负担水平总体较低，财政有能力维持长期护理保险的运行，建议我国应尽快正式建立全国性的长期护理保险制度和财政对长期护理保险的投入机制。

2.3.3 财政补贴经济效应

政府对保险领域实施财政补贴是纠正市场失灵、引导保险事业健康发展的重要干预手段。目前，国内外鲜有文献对长期护理保险的财政补贴经济效应问题进行研究，但在农业保险、养老保险、健康保险、医疗保险等领域的财政补贴经济效应研究中，取得了丰富的研究成果，为本书对长期护理保险财政补贴经济效应的研究思路和研究方法提供了借鉴与参考。目前，国内外学者对政策性农业保险财政补贴效应进行了大量研究，取得了丰富的研究成果，如张跃华、庹国柱和符厚胜（2016）对传统政策性农业保险理论逻辑进行了剖析并提出了质疑，他们认为政策性农业保险财政补贴与其准公共产品性质之间的关系并不严密。袁祥州、程国强和黄琦（2016）介绍了美国在农业保险领域实行的双向财政补贴机制，并且评估了财政补贴对参保率、财政支出规模和结构、财政资金转移效率和制度可持续性等四个方面的影响效应，提出了我国农业保险财政补贴制度的建设思路和方向。对保费进行财政补贴能够刺激农户的参保积极性，保费补贴的激励效应能够矫正市场失灵，使农业保险制度得以持续运行（Nosov et al., 2014; Hazell & Varangis, 2019）。农业保险财政补贴具有显著的农产品供给效应，财政补贴显著促进了农产品的专业化生产（Baimisheva & Kurmaeva，2019），农业生产效率大大提高（Zhang，2019），得到财政补贴的农作物的产品供应量显著增加（Wei et al.，2020）。

在中国人口老龄化程度不断加深的趋势下，中央和地方财政对城镇职工基本养老保险的财政补贴规模不断扩大，金刚和刘钰彤（Jin & Liu，2020）总结了经合组织国家财政在养老保险领域发挥作用的经验，指出了我国养老保险领域财政责任存在的问题，并提出了中央和地方财政体制机制的优化建议。陈旖旎（Chen，2020）从公共财政视角探讨了广东省提高城乡养老保险待遇水平的可能性，为优化财政补贴途径提供了参考意见。

林本喜和张钰婷（Lin & Zhang，2020）研究了不同财政补贴形式对中国农村养老保险制度可持续性的影响后发现：激励性财政补贴能够显著提高农村居民的参保积极性，配套补贴对农村居民的参保率影响不显著；目前两类财政补贴形式对居民个人缴费数额没有产生重大影响。刘昌平和刘威（2019）认为未来城乡居民基本养老保险财政补贴模式优化的重点在于加大个人账户缴费补贴力度。曾之遥等（2020）对农村居民养老保险财政补贴与农民家庭消费异质性进行了研究，发现在已领取养老金和未领取养老金两类家庭中，财政补贴产生相反的消费效应，对不同收入阶层和不同地区的居民，消费效应均存在差异。张启文等（Zhang et al.，2012）、王欢等（Wang et al.，2019）研究了新农保的财务可持续问题，并从公共财政角度给出了制度优化的建议。游静和米格尔（You & Niño-Zarazúa，2019）、张召华（Zhang et al.，2019）考察了新农保制度的分配效应，并从财政补贴角度给出了政府干预措施的意见。政府间的财政补贴筹资责任分担是否科学合理是制约新农保试点工作稳步开展的关键性因素，在自愿选择缴费档次的情况下，参保农民普遍选择最低缴费档次，导致新农保制度出现了严重的逆向选择问题，赵建国和海龙（2013）分析了财政补贴激励机制与逆向选择之间的关系，提出了消解逆向选择问题的财政补贴激励机制。赵建国和海龙（2014）

进一步研究了中央和地方政府在新农保财政补贴筹资中的责任分担问题，从公共服务横向均等化视角提出了财政补贴筹资责任分担机制建设意见。

赵启然等（Zhao et al.，2016）评估了财政补贴对新农合参保率和老年人口劳动供给的影响效应；李丽（Li，2019）、曾雁冰等（Zeng et al.，2019）评估了新农合及财政补贴对老年人或者家庭健康支出的影响；孙雅（Sun，2020）评估了新农合的福利效应。

朱火云和高和荣（2016）基于财政补贴视角研究了人口老龄化与新农合财政负担之间的关系。孙世强和任佳宝（2010）为中央政府在新农合财政补贴制度优化方面提出了政策建议。尼克佩（Nikpay，2020）论证了医疗保险税收补贴的就业效应；加拉格尔（Gallagher et al.，2019）研究了医疗保险财政补贴对家庭医疗支出的影响；钱文强等（Qian et al.，2019）研究了财政分权与中国城乡居民社会医疗保险财政补贴的关系，财政分权程度越高，地方政府的财政补贴力度越大。李亚青和蔡启凡（2018）研究了基本医疗保险筹资中政府间的财政补贴分担责任。

2.4 已有研究成果的贡献与不足述评

通过上述几节中对长期护理保险相关研究成果和保险财政补贴相关研究成果的学习和分析，可以看出，关于长期护理保险财政补贴问题的相关研究受到了国内外学者们的广泛关注，已取得了一定量的具有学术参考价值和实践指导价值的研究成果，同时也为本书的研究问题提供了较为丰富的现实背景、学术思想和研究方法。针对长期护理保险财政补贴动态调整机制问题，已有学者指出其重要性和必要性，但已有研究成果尚存在不足之处，本节将针对已有研究成果的主要贡献与不足之处加以总结，进而为后续研究奠定基础。

2.4.1 主要贡献

已有关于长期护理保险和保险财政补贴的相关研究成果为开展长期护理保险财政补贴经济效应及动态调整研究奠定了坚实的理论基础,为财政补贴政策的制定提供了可行的思路与途径,总结已有文献的具体贡献如下:

(1) 为长期护理保险财政补贴经济效应及动态调整研究提供了大量的现实背景。已有的研究成果涉及了现实中大量的财政补贴问题,如农业保险的财政补贴问题(张跃华,庹国柱,符厚胜,2016;袁祥州,程国强,黄琦,2016;Nosov et al.,2014;Hazell & Varangis,2019;Baimisheva et al.,2019;Zhang,2019;Wei et al.,2020)、养老保险财政补贴问题(Jin & Liu,2020;Chen,2020;Lin & Zhang,2020;刘昌平,刘威,2019;曾之遥等,2020)、新农保财政补贴问题(Zhang et al.,2012;Wang et al.,2019;You & Niño-Zarazúa,2019;Zhang et al.,2019;赵建国,海龙,2013;Zhao et al.,2016)、新农合财政补贴问题(Li,2019;Zeng et al.,2019;Sun,2020)和医疗保险财政补贴问题等(Nikpay,2020;Gallagher et al.,2019;Qian et al.,2019;李亚青,蔡启凡,2018;朱火云,高和荣,2016;孙世强,任佳宝,2010)。已有文献对这些实际问题的提炼为学术界对长期护理保险财政补贴经济效应及动态调整的研究提供了大量现实背景,有助于进一步明确本书研究的现实意义。

(2) 揭示了研究长期护理保险财政补贴经济效应及动态调整研究的学术价值和现实意义。已有研究成果表明:长期护理保险财政补贴动态调整问题具有广泛的政策指导意义,针对长期护理保险财政补贴动态调整的研究是一个值得关注的重要研究课题,具有理论意义和实际意义。同时,已有研究成果表明,在社会保险领域的财政补贴动态调整过程中有必要考虑经济增长因素,例如,多位学者先后指出在对社会保障领域的财政补贴过程中有必要考虑经济因素(You & Niño-Zarazúa,2019;

Sun，2020；Nikpay，2020）。近年来，关于如何在财政补贴过程中结合财政补贴产生的经济效应合理设计补贴机制已经引起了国内外学者们的关注，而社会保险领域现有关财政补贴动态调整机制的研究大多忽略了经济效应的影响，在解决现实问题时尚存在一些局限性。由此可见，长期护理保险财政补贴经济效应及动态调整研究具有重要的意义与价值。

（3）为长期护理保险财政补贴经济效应及动态调整研究奠定了理论基础。已有的关于长期护理保险相关研究成果中涉及了长期护理保险实施的经济背景、筹资模式，例如戴卫东（2008，2011）、胡苏云（2017）和余洋（2012）分析了世界发达国家长期护理保险实施的经济社会局势，孙洁和蒋悦竹（2018）、翟绍果、马丽、万琳静（2016）以及和红（2016）提出了我国长期护理保险的筹资机制分析框架。在已有的关于长期护理保险财政补贴的研究成果中主要涉及了补贴方式、补贴水平以及财政负担能力等方面，例如周加艳和沈勤（2017）、田香兰（2019）介绍了国外长期护理保险的财政补贴比例，文太林和张晓亮（2020）对15个试点城市的长期护理保险财政补贴进行了比较研究，田勇（2020）对长期护理保险财政负担能力进行了研究，建议尽快建立财政补贴投入机制。上述的研究成果为本书长期护理保险财政补贴经济效应及动态调整研究奠定了坚实的理论基础。

2.4.2 不足之处

虽然对长期护理保险财政补贴问题的研究已经引起了学者们的关注，并且取得了丰富的研究成果，但需要指出的是，目前的研究尚存在一些不足之处，主要体现在以下三个方面：

（1）缺乏长期护理保险财政补贴对生产要素作用机制的研究。目前关于长期护理保险财政补贴的研究大多停留在财政补贴重要性、财政补贴原则、补贴方式、补贴水平探讨以及财政补贴存在的问题归纳提炼及对策研究，缺少对财政补贴影响劳动供给、储蓄等生产要素的影响研究，在一定程度上限制了关于长期护理保险财政补贴影响经济增长的认识以及对政策制定的指导价值。

（2）缺乏长期护理保险财政补贴对劳动供给、储蓄等生产要素影响程度的实证分析。长期护理保险财政补贴作为一项财政转移支付手段，其政策的实施必然会影响社会成员的劳动供给决策和消费储蓄决策，从而改变全社会的劳动供给结构和资本形成，乃至整个社会的经济增长水平。但从目前研究来看，鲜有文献对长期护理保险财政补贴影响劳动供给、储蓄等生产要素的程度进行实证分析，也鲜有文献实证研究长期护理保险财政补贴对经济增长的影响大小问题。

（3）缺乏从经济增长视角对财政补贴动态调整问题的研究。财政补贴与经济增长密切相关，财政补贴既是促进实现经济增长的宏观调控手段，同时也受经济发展水平的制约。多数学者在研究医疗保险、养老保险等社会保险领域的财政补贴政策问题上，一致认为财政补贴应该根据社会经济发展水平进行动态调整，但对财政补贴动态调整机制进行深入系统研究的却不多见。长期护理保险财政补贴经济效应及动态调整研究还存在空白。

2.4.3　已有研究成果对本书的研究启示

总体来说，现有研究文献在一定程度上对研究长期护理保险财政补贴问题起到了指导作用，为相关研究提供了参考和借鉴，更是为本书长期护理保险财政补贴经济效应及动态调整研究奠定了坚实基础，并提供了一些颇有价值的启示，主要体现在以下几个方面：

（1）对长期护理保险财政补贴经济效应及动态调整问题的描述与提炼提供了启示。已有文献从制度实施的经济背景、制度框架、制度的经济影响、保险筹资机制、社会保险财政补贴模式和水平、财政补贴能力与经济增长的互动关系等多个方面进行了研究，为本书的研究提供了良好的理论基础和有益启发。

（2）对财政补贴的经济效应分析方法提供了启示。已有的对养老保险、医疗保险等社会保险项目实施财政补贴所产生的经济效应的测算方法，对本书测算长期护理保险财政补贴对试点地区产生的经济效应提供了很好的启示，为进一步关于以经济增长为目标构建长期护理保险财政补贴动态调整机制提供了研究思路和方法借鉴。

2.5 本章小结

本章在文献检索范围和相关文献情况分析基础上，围绕长期护理保险和保险财政补贴两个方面的研究进行了文献综述。本章首先对长期护理保险研究进行了综述，包括长期护理保险产生的经济社会背景、制度模式和筹资机制等；其次对长期护理保险财政补贴比例、财政补贴方式及财政补贴经济效应进行了综述；最后，归纳了已有研究成果的贡献及对本书研究的有益借鉴和启示。

第 3 章

相关概念、理论基础与分析框架

长期护理保险制度是伴随着人口老龄化和医疗需求持续增长而诞生的,是社会进步的标志,符合社会保障制度的发展规律。因此,探讨长期护理保险财政补贴经济效应及动态调整问题,有必要了解长期护理保险财政补贴经济效应的相关理论基础,及其影响经济增长的传导机制,这是开启基于经济增长目标构建财政补贴动态调整机制的钥匙。

3.1 概念界定

3.1.1 长期护理保险

目前,国内外学者对长期护理保险的定义大多体现在对长期护理费用的补偿上,如美国健康保险协会将长期护理保险定义为"为发生潜在巨额护理费用的被保险人提供保障的保单"(荆涛,2005);美国人寿管理协会将长期护理保险定义为"为年老、严重疾病或者意外伤害等原因导致的需要在家或者护理机构接受长期生活照料的被保险人提供费用补偿的保单"（贾清显，2010）；再比如，长期护理保险被定义为"为在家或者安养院接受长期生活照料的被保险人提供费用补偿的保单"（Black & Skipper, 1994）。国内学者如荆涛（2010）、韩振燕和梁誉（2012）、陈红（2012）等都认为长期护理保险是对失能参保人在接受长期护理时支付的各种费用进行补偿的一种保险。刘子操和陶阳（2001）、韩瑞峰（2016）等将护理服务包含在内，认为长期护理保险是对生活不能自理需要长期日常生活照料的被保险人提供经济保障和护理服务的一种保险。根据目前国内长期护理保险制度试点的现状，本书将长期护理保险定义为："为因年老、疾病、伤残等导致丧失生活自理能力的完全失能和重度失智的参保人提供基本生活照料及与基本生活密切相关的医疗护理服务或者资金保障；为半失能、轻中度失智和高危参保人，以项目的形式提供身体功能维护等训练和指导，延缓失能失智的一项保障制度。"

3.1.2 长期护理保险财政补贴

为了促使某一产业、行业或相关领域得到较大发展，政府常用财政补贴的方式进行干预，因此，国内外学者在对财政补贴的概念界定过程中，多以"补贴来源+补贴目的"模式进行定义，如哈耶克在其著作《自由秩序原理》里将财政补贴定义为："是政府这种特定主体提供的无偿支出，其结果会影响产品的相对价格结构和社会资源配置结构，甚至整个社会的供给和需求结构也会随之发生变化"①。美国经济学者马斯格雷夫（Musgrave, 1972）也曾提出，"从财政补贴带来的最终效果来说，它是通过政府课税和支出活动公平地给予社会主体的纯利益"②。刘小红

---

① 弗里德利希·冯·哈耶克. 自由秩序原理 [M]. 邓正来译. 上海：三联书店, 1997：17.
② 转引自 Prest R. Classics in the Theory of Public Finance. by Richard A. Musgrave; Alan T. Peacock [J]. Economic Journal, 1959, 69 (273)：138 - 139.

(2016)将财政补贴定义为"用国家财政资金直接资助社会集团或居民"。与大多数学者观点一致,本书也采用"补贴来源+补贴目的"模式,将长期护理保险财政补贴定义为:政府为积极应对人口老龄化,在满足参保人长期护理支出需求的情况下,避免给参保企业造成用工成本增加而发放的保费补贴,是政府为了有效贯彻长期护理保险制度而发生的一项财政支出。

3.1.3 劳动供给

劳动供给是指在一定的市场工资率水平下,个人或者家庭等决策主体愿意并且能够提供的劳动力数量。劳动供给决策涉及是否进入劳动力市场、提供的劳动力时间和根据个人偏好选择的行业领域三个层面。与此相对应,本书中的劳动供给包括劳动参与和劳动时间两方面。劳动参与率是一个与劳动供给相关的重要概念,用以衡量劳动力参与劳动的程度,在宏观上,通常用经济活动人口占劳动年龄人口比重来度量。鉴于本书研究目的和研究数据来自中国健康与养老追踪调查(China Health and Retirement Longitudinal Survey,CHARLS)的特性,本书将劳动参与率定义为选择全职和兼职的个体及家庭在整体样本中所占的比例。劳动时间是个体或者家庭参与劳动所付出的时间,在本书中用小时来计算。

3.1.4 预防性储蓄

经济学家们在对消费储蓄的研究过程中很早就注意到了预防性动机的作用,如凯恩斯在定义消费倾向概念时,暗含着人们为了预防未来的不确定因素而进行储蓄的预防性动机。早期的绝对收入理论认为,当期收入是影响当期消费的唯一因素,各个时期是相互独立的,也不存在不确定性。经验证,当期消费和当期收入之间的关系十分脆弱,绝对收入理论的有效性受到了质疑，相对收入理论趁机而发。相对收入理论认为消费存在棘轮效应，即当期消费既取决于当期收入，也受过去消费水平的影响；同样，消费也存在示范效应，即消费受同等收入水平的其他家庭消费水平的影响。随着弗雷德曼（Friedman，1957）持久收入假说和莫迪利亚尼（Modigliani，1963）生命周期假说的相继提出，经济学家们对消费的研究决策从即期推广至整个生命周期。利兰（Leland，1968）构建了两时期模型，首次对预防性动机储蓄模型进行分析，他将预防性储蓄定义为"在面对将来收入或者支出不确定性时，具有风险厌恶偏好的消费者为了避免将来消费水平的急剧下降而提前进行的储蓄"。他认为凸的边际效用函数是产生预防性储蓄的必要条件，当凸效用函数的三阶导数大于零时，消费者对未来消费的预期效用大于当期消费的预期效用，理性消费者会增加储蓄以获得更大的效用，从而产生了预防性储蓄。本书将预防性储蓄定义为"人们为了应对年老失能后可能面临的高额长期护理费用支出导致的远期消费水平急剧下降而进行的储蓄。"根据预防性储蓄理论可以推断，消费者健康水平越差，长期护理费用支出不确定性越高，预防性储蓄动机越强，财富积累就越多。

3.1.5 经济增长

经济增长是一个国家或地区社会经济发展的基础，也是评价该国家或地区在世界范围内竞争力和影响力的关键指标，因此，一直备受各国学者的广泛关注，成为众多经济领域问题的研究基点。经济学家们对经济增长的概念解读和理解不尽相同，部分学者侧重于产出的增加，如保罗·萨缪尔森（1947）将经济增长定义为"一国潜在的 GDP 或国民产出的增加"；部分学者侧重于产品供给能力的提升，如库兹涅茨（1966）将经济增长定义为"国家或地区为居民提供经济产品能力的长期上升"；部分学者则更多地关注提供产品或者服务的过程，如刘易斯（1955）将经济增长定义为"一个国家或者地区实际所产出的物质和劳务过程的长期持续改进"。随着对经济增长领域的研究越来越多以及对推动经济增长原因的深入探索，衡量经济增长的视角也不断拓宽，经济结构变革、产业升级、增长路径转变和增长方式升级、劳动生产率提高、人均产量增加等都可以作为衡量经济增长的指标。基于本书的研究目的和数据的可得性，本书对经济增长概念做如下定义：经济增长指的是一个国家或地区人均国内生产总值的增加。用 Y_t 表示第 t 年的人均国内生产总值，G_t 表示第 t 年的经济增长率，则经济增长可用公式表示为：

$$G_t = \frac{Y_t - Y_{t-1}}{Y_t} \times 100\% \tag{3.1}$$

3.1.6 长期护理保险财政补贴动态调整

长期护理保险财政补贴动态调整是指各级地方政府在长期护理保险保障目标和社会经济环境不断发展变化的情况下，为了实现政府职能及长期护理保障目标所进行的改变财政补贴在筹资中的比重的行为及过程。之所以强调对长期护理保险财政补贴进行"动态"调整，是因为这种调整具有经常性和长期性，而不是短期的阶段性管理。长期护理保险财政补贴问题受到经济发展水平、人口环境、政府财政能力、政府治理能力和制度目标等多重因素的影响，并且这些因素都处于不断变化中，势必要对长期护理保险财政补贴进行不断调整。

长期护理保险财政补贴动态调整是长期护理保险政策不断优化的重要组成部分，充分体现了制度创立、变更及随时间变化的动态过程，是适应经济社会发展客观规律的必然要求，贯穿我国国家治理体系不断完善和实现治理能力现代化的全过程。通过科学合理地动态调整长期护理保险财政补贴水平，可以不断完善各利益相关者在长期护理保险制度中的相互关系，推动经济社会综合效益的提升，实现长期护理保障健康可持续发展。

3.2 理论基础

为了寻找长期护理保险财政补贴对于劳动供给和预防性储蓄的影响脉络，厘清长期护理保险财政补贴产生的经济效应，并基于经济增长目标设计财政补贴动态调整机制，本书梳理了长期护理保险财政补贴经济效应和财政补贴两个领域的相关理论。在长期护理保险财政补贴经济效应部分，从社会保障理论、劳动供给理论和预防性储蓄理论三个方面进行梳理；在财政补贴部分，从财政补贴理论和经济增长理论两个方面进行梳理。

3.2.1 社会保障理论

1601年英国颁布的《济贫法》虽然不是真正意义上的社会保障制度，但是普遍认为其是社会保障制度的萌芽。社会保障制度是伴随着工业化而出现的，最早发源于德国，为了给在社会竞争中不幸失败的社会成员提供基本生活保障。德国于1883年颁布了《疾病保险法》，从社会保障理念与市场经济发展密切联系的角度出发，充分体现了社会公平和社会安全，标志着现代社会保障制度的初步建立。"社会保障"一词最早出现在美国1935年颁布的《社会保障法》，该法主要是以政府和社会为责任主体，向那些因疾病、灾害等原因陷入生活困境的社会成员提供基本生活或者经济保障，帮助其避免生存危机，以达到维护社会稳定、缓和阶层矛盾的目的。在这部首次以"社会保障"命名的法律中，增加了"社会福利"内容，提升了社会保障的层次，成为社会保障内容之一，自此"社会保障"一词在世界范围内普遍沿用。社会保障在不同国家、不同社会发展阶段的目标和功能有所差异，因此社会保障的定义及范围也不尽相同。如英国著名的《贝弗里奇报告》（1945）基于社会进步和消除贫困的政策目标，将社会保障概括为公民在疾病、失业、伤害、年老以及家庭收入锐减，生活陷入贫困时给予生活保障。日本一些学者将社会保障定义为以社会保险形式对因疾病等原因陷入贫困的社会群体提供最低生活保障的一项制度安排，以此提高全社会的福利水平（Oshio & Yashiro，1997）。加拿大一些学者认为社会保障是确保贫困群体取得相关服务的一个广泛的福利概念。在中国，社会保障则是各种社会保险、社会救助、社会福利、军人福利、医疗保障、福利服务以及各种政府或企业补助、社会互助等社会措施的总称（Boyle & Murray，1979）。

社会保障是国家社会发展进程中的重要制度安排，其通过经济手段来解决相应的社会问题，进而实现特定的政治与社会目标，它在实践中发挥着自己的功能，同时亦体现出其他制度不可替代或者不可完全替代的一些基本特征（Feldstein & Liebman，2002；Saunders & Shang，2001）。社会保障从非正式制度到正式制度安排，其追求的目标也随着社会的发展进步而不断发展变化。早期的社会保障主要基于维护社会秩序，充分发挥社会稳定器的功能（赵浩华，2018）。市场机制是一个国家或者地区经济发展的动力机制，社会保障则为稳定机制，在任何时代和社会发展阶段，都会出现一些社会成员陷入生活危机的情况，国家需要通过社会保障制度为陷入危机的弱势群体提供基本生活保障（宋相鑫，2014）。如随着人口老龄化不断发展，因年老或者疾病丧失收入能力，从而失去生活保障的人口越来越多，长期护理保险和医疗保险制度能够为这类社会成员提供基本的生存保障，避免社会成员因生存危机而可能出现的对社会、对政府的反叛心理与反叛行为，能够保障社会成员在特定事件的影响下仍然可以安居乐业，从而有效地缓和乃至消除引起社会震荡与失控的潜在风险，进而维系着社会秩序的稳定和健康发展。稳定的社会秩序能够为经济发展进步提供良好的环境，促进市场机制的充分发挥，形成市场机制与社会保障秩序相辅相成的良性循环，共同促进了社会经济发展进步（张太宇，2014）。随着社会保障制度的不断发展和完善，其在调解社会发展和经济发展中的作用也更加显现。在社会发展领域，社会保障有效地调节着社会成员的协调发展。社会保障构成了调节社会成员中高收入阶层（富人）与低收入阶层（穷人）、劳动者与退休者、就业者与失业者、健康者与疾患者、有子女家庭与无家庭负担者之间利益关系的基本杠杆（王一，2015）。不同社会阶层之间的利益冲突因社会保障制度调节功能的发挥得到了有效缓和，社会因收入分配差距等导致的非公正性、非公平性在一定的程度上得到了调节（卢成会，2017）。社会保障具有显著的调节国民经济发展功能，主要表现在以下三个方面：第一，社会保障通过收入分配功能的发挥，调节着不同群体的收入，如通过医疗保险资金的筹集，将医保资金分配给生病医疗的社会成员，避免他们因病陷入贫困的生活境地，在不同保障对象之间进行着横向收入分配；养老保险则通过养老金的收入与支出，调节劳动者和退出劳动市场的老年群体的收入分配，体现了其在不同代际保障对象之间进行的纵向分配。第二，社会保障能够调节公平与效率之间的关系，通过国家强制性缴费，并采取转移分配的方式将部分资源转移给需要者，以保证弱势群体的基本生活需求，实现社会的安定和谐，以便为效率的提高创造良好的社会环境，从而促进经济又好又快发展。第三，社会保障资金的筹集、储存与分配，直接调节着国民储蓄与投资，并随着基金的融通而对相关产业经济的发展格局产生直接调节作用。如一些国家将储存的社会保障基金投向国家重点公共基础设施和重点项目，以刺激这些领域的发展。另外，社会保障还是经济发展周期与周期之间的蓄水池。当经济增长时，失业率下降，社会保障收入增加而支出减少，社会保障基金的规模随之扩大，减少了社会需求的急剧膨胀，最终对平衡社会总供给与总需求起重要作用；当经济衰退时，失业率提高，失业者及经济衰退带来收入下降的低收入阶层对社会保障待遇的要求随之增大，社会保障基金的支出规模也随之扩大，从而在一定程度具有唤起有效需求、提高国民购买力的功能，最终有助于经济的复苏（郑功成，2006）。当前，我国探索试点长期护理保险制度就是在应对人口老龄化危机背景下，通过发挥长期护理保障的调节功能，使人们不必过多担忧年老失能后的长期护理及高额护理费用问题，减少预防性储蓄，增加消费意愿及消费需求，有利于促进经济的长期平稳发展。社会保障制度发展到现代，具有普遍性，是公民义务和权利的统一，其根本目的在于提高公民的生活质量和促进整个社会的公平和谐发展。在计划生育时期，人们积极响应国家号召，少生优生，尽了自己应尽的义务，为我国的社会经济发展做出了贡献。随着时间推移，遵守和执行计划生育政策的居民已经迈入老年，其长期护理需求与日俱增。小型化的家庭结构以及子女异地就业的现实情况，导致老年人可用的家庭护理资源日渐枯竭，而高昂的社会护理资源让大多数老人望而却步，无力承担。目前国家开始尝试通过长期护理保险机制应对老龄化社会下的长期护理风险，切实保障积极响应国家计划生育政策家庭老年父母的利益，满足这些家庭的护理需求，保障这些家庭老年人的权益。这不仅符合社会保障发展的必然规律，也是社会进步的标志。

3.2.2 劳动供给理论

对于劳动供给的研究最早可以追溯到亚当·斯密对制针厂劳动力和劳动生产率的研究。罗宾斯（Robbins，1930）在其《收入的需求弹性》一文中基于个人劳动供给时间配置的两分法推导了劳动供给的收入弹性，认为劳动供给数量取决于收入效应和替代效应的综合作用，标志着现代劳动供给理论的诞生。现代劳动供给理论的发展过程是对决策主体（个人理性还是家庭理性）、时间分配（两分法还是三分法）、决策形式（共同偏好还是集体博弈）以及决策时效（静态还是动态）探讨的过程（陈漫雪，2018）。

1. 个体劳动供给理论

个体劳动供给理论分析模型源于劳动—闲暇模型。个体在总时间禀赋约束下，除去吃饭、睡觉等维持生命而不能挪用的时间外，可将剩余时间资源在劳动和闲暇之间进行分配（Ehrenberg & Smith，2002）。劳动所获得的收入可以通过消费增加个人效用，闲暇则直接增加了个体的效用水平。不同劳动—闲暇时间资源的分配为个体带来的效用水平不同，在理性经济人假设下，个体在其预算约束内，根据个人偏好选择能够实现自身效用最大化的时间资源分配组合。

个体进行劳动—闲暇时间资源分配过程中受闲暇偏好、消费、工资率和收入等多种因素影响。对长期护理保险进行财政补贴，相当于提高了参保者的工资率，将通过收入效应和替代效应两个方面对其劳动决策产生影响。财政补贴对个体工作时间的总影响取决于二者的相对大小。工作时间如何随着财政补贴的变动而变动可以直观地用图3.1来说明。

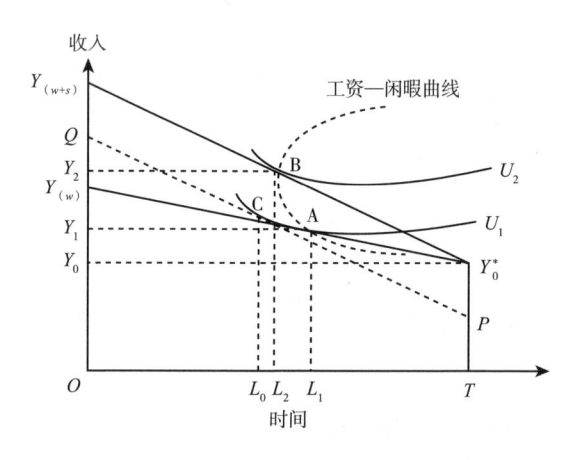

图3.1 财政补贴的影响：收入效应和替代效应

个体总时间禀赋为 T，在既定的小时工资率 w 条件下，个体的预算线为 $Y_0^* Y_{(w)}$，效用曲线为 U_1，预算约束线与效用曲线的切点 $A(L_1, Y_1)$ 为个体效用最大化的闲暇—收入组合，此时劳动供给时间为 $(T - L_1)$。对长期护理保险的财政补贴为 s，实施长期护理保险财政补贴后小时工资率由初始水平 w 上升到 $(w + s)$，个体的预算线随之变成了 $Y_0^* Y_{(w+s)}$，效用曲线为 U_2，预算约束线与效用曲线的切点 $B(L_2, Y_2)$ 为个体效用最大化的闲暇—收入组合，此时劳动供给时间变为 $(T - L_2)$。与消费者需求理论中的价格—消费曲线类似，我们将财政补贴导致的工资率变动使效用最大化组合点向外移动的轨迹称为工资—闲暇曲线。PQ 为假设的家庭集体决策模型可以表示为：

$$\max U(C_1, C_2, \cdots, C_n, H_1, H_2, \cdots, H_n; \lambda) = \lambda_1 U_1(C_1, H_1) + \lambda_2 U_2(C_2, H_2) \\ + \cdots + \lambda_n U_n(C_n, H_n) \quad (3.8)$$

式中，λ_i 表示家庭成员 i 在家庭效用中的权重。式（3.8）的约束条件为：

$$w_1 H_1 + w_2 H_2 + \cdots + w_n H_n + Y \geq C_1 + C_2 + \cdots + C_n \quad (3.9)$$

式中，w_i 表示家庭成员 i 的工资，Y 表示除工资外的其他收入，由最优化一阶条件可以求得：

$$\frac{\partial H/\partial H_i}{\partial H/\partial C_i} = \frac{\partial U_i/\partial H_i}{\partial U_i/\partial C_i} \quad (3.10)$$

那么家庭成员的劳动供给函数可以表示为：

$$H_i^* = H_i(w_1, w_2, \cdots, w_n, Y; \lambda_i) \quad (3.11)$$

3.2.3 预防性储蓄理论

储蓄和消费具有对立统一关系，是消费者同一决策行为中的两个不同方面，成为经济学家研究经济系统的重点关注领域之一（张安全，2014）。早期的消费理论以绝对收入理论和相对收入理论为代表。肯尼斯（Keynes，1936）提出的绝对收入理论揭示了经济系统总消费与总收入之间的关系，消费函数是关于当期收入的线性函数，可以表示为：

$$C = \alpha_0 + \alpha_1 Y \quad (3.12)$$

式中，C 表示实际消费支出，α_0 表示不受收入影响的自主性消费支出，α_1 表示边际消费倾向，它是关于收入的减函数，Y 表示当期实际收入。通过式（3.12）可以看出，绝对收入理论认为当期消费支出仅与当期收入水平密切相关，而现实社会经济系统中，二者的关系是十分脆弱的。

由于绝对收入理论对现实社会解释力的不足，相对收入理论被提出（Duesenberry，1949），该理论认为消费支出除了受当期收入水平的影响，还受往期消费水平和周围具有同等收入水平的其他家庭消费支出的影响。虽然相对收入理论在解释消费储蓄动机上较绝对收入理论有了很大的改进与完善，但是依然没有将跨期消费决策纳入研究框架。消费者要在多个决策时期内连续存活，因此，各个时期的消费决策必然受到前后时期收入水平和消费支出的影响，将消费者的消费决策纳入多时期决策框架进行研究很有必要。随着对消费理论研究的深入，还有学者尝试在新古典理论框架下研究消费者跨期消费决策问题，提出了生命周期—持久收入理论（Modigliani & Brumberg，1954；Friedman，1957；Ando & Modigliani，1963）。该理论认为消费者进行储蓄主要源于生命周期动机和跨期替代动机，这一理论在很大程度上揭示了预防性储蓄动机。生命周期—持久收入理论在解释消费者的储蓄行为时，存在低估总体财富积累量和高估个人财富两方面的缺陷。学术界在生命周期—持久收入理论基础上进行补充和拓展，在理性预期基础上将不确定性纳入分析框架。1978 年利兰（Leland）构建了两时期模型研究未来不确定性收入对消费者储蓄决策的影响，标志着预防性储蓄理论研究的正式形成[①]。假设利率不变，消费者的最优化问题描述为：

$$\max E[U(C_1, C_2)] \qquad (3.13)$$

约束条件为：

$$\text{s. t.} \begin{cases} C_1 = (1-k)I_1 \\ C_2 = I_2 + (1+r)kI_1 \\ E(I_2) = I_2^* \\ E(I_2 - I_2^*)^2 = \sigma^2 \end{cases} \qquad (3.14)$$

[①] Leland H E. Saving and uncertainty: The precautionary demand for saving [M]. Uncertainty in economics. Academic Press，1978.

式中，U 表示消费者的效用函数，C_1 和 C_2 分别表示两个时期的消费水平，I_1 表示第一时期的确定收入水平，I_2 表示第二时期满足均值 I_2^* 方差为 σ^2 的不确定收入水平，$k(0<k<1)$ 为储蓄率，$r(0<r<1)$ 为利率。

在收入不确定条件下消费者的最优化均衡条件为：

$$E(U_1) - (1+r)E(U_2) = 0 \tag{3.15}$$

$$U_1 = \partial U/C_1 ; U_2 = \partial U/C_2 \tag{3.16}$$

假定确定条件下的最优储蓄率为 k^*，效用函数为 $U(U_1^*, U_2^*)$，高阶矩函数形式为 $\delta(\sigma^2)$，则可以推导出：

$$E(U_1)^* = U_1^* + \frac{1}{2}U_{122}^*\sigma^2 + \delta(\sigma^2) \tag{3.17}$$

$$(1+r)E(U_2)^* = (1+r)\left[U_2^* + \frac{1}{2}U_{222}^*\sigma^2 + \delta(\sigma^2)\right] \tag{3.18}$$

消费者效用最大化的二阶充分条件为：

$$\frac{d^2E(U^*)}{dk^2} = \frac{d[(1+r)U_2^* - U_1^*]}{dk} < 0 \tag{3.19}$$

式（3.17）和式（3.18）之差的正负取决于 $[U_{122}^* - (1+r)U_{222}^*]\sigma^2$ 符号的方向（张安全，2014），只要保证该式的值为负，就可以得到"存在不确定性时，未来预期消费效用大于当期消费效用，理性消费者将减少当期消费，增加储蓄以获得更大的效用，预防性储蓄由此产生"。

3.2.4　财政补贴理论

财政补贴是指在市场经济体制下，国家（或地区）财政部门根据国家政策需要，在一定时期内集中一部分社会资源，对特定产业、部门或地区、企事业单位、居民个人或事项给予补助或津贴，旨在改变现有产品或生产要素的相对价格，进而改变资源配置结构和供求结构，满足社会公共需要的分配活动或经济行为（安秀梅，2008）。可见，财政补贴是公共财政的一种再分配活动，其实质是国家为实现特定目标，满足社会公共需要而对相关部门或事务所给予的经济补偿，并不是为了追求政府自身经济利益最大化。

长期护理保险能够减少社会性住院，降低社会不稳定因素，私人保险公司提供的护理保险具有明显的正外部性。保险公司具有保单信息优势，但是对投保人的健康状况和医疗护理知识信息并不能完全掌握，因此，将会出现健康状况差的群体更愿意投保的情况，并且投保的群体在注重自身保健方面也会较投保前有所松懈，从而产生逆向选择和道德风险问题。逆向选择和道德风险问题出现后，保险公司的风险也会变大，保险公司或者会提高保费以维持经营利润，或者由于利润低退出市场，导致有效供给不足。人们会在传统养老观念和风险认知水平偏低等因素的影响下不愿意参保，导致有效需求不足。上述因素综合作用导致了长期护理保险市场失灵现象的存在，通过市场方式不能实现长期护理保险供需的最优配置。并且，在人口老龄化和少子化的情况下，长期护理风险问题属于社会风险，因此，实施社会性长期护理保险，并且政府通过财政补贴手段进行干预和引导很有必要，也更有效率。

长期护理保险财政补贴经济效应主要体现在弥补市场失灵导致的效率损失和增进社会福利两个方面。图 3.2 中，市场提供的长期护理保险供给曲线为 S，居民对长期护理保险确认的边际效用曲线为 AB，而实际上长期护理保险将带给投保人的边际效用为 AC。按照消费者效用最大化的标准，居民对长期护理保险的消费为 Q_1，但若按长期护理保险的实际边际效用来判断，居民对长期护理保险的最佳消费量为 Q_2。市场提供长期护理保险将会产生图中所表示的 $\triangle DEF$ 效率损失，需要政府通过公共财政的分配行为，增加居民对长期护理保险的消费量，降低单纯由市场提供长期护理保险造成的效率损失。

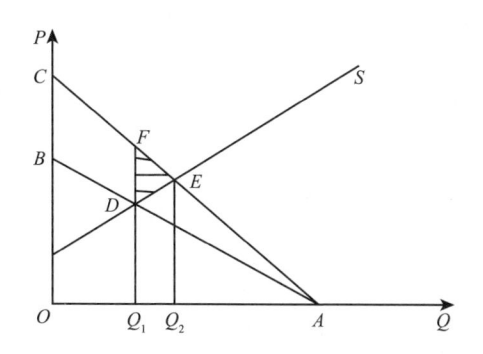

图 3.2　市场提供长期护理保险的效率损失

为了有效解决市场失灵造成的资源配置效率损失问题，需要政府介入长期护理保险领域。政府作为政权主体，具有至高无上的权威，政府具有统筹兼顾地调节各经济利益主体和经济关系的能力。政府通过财政补贴方式，矫正长期护理保险市场的外部性，即采用外部效应内部化的方式主导或干预长期护理保险市场，为社会成员的长期护理风险提供保障，以此增进全社会的福利效应，体现国家的福利政策。为了矫正长期护理保险正的外部效应，政府通过财政补贴增加人们对长期护理保险的需求，其具体的作用机理如图 3.3 所示。矫正性的财政补贴主要着眼于私人边际效益的调整，因而，长期护理保险外部收益大小决定了矫正性财政补贴的额度。在无财政补贴情况下，长期护理保险的供给曲线为 $S=MS$，需求曲线为 $D=MPB$，市场均衡点为 Q_1。由于市场失灵情况下存在资源错配问题，市场均衡点并非是社会福利最大化的最佳水平，还存在着帕累托改进。如果人们购买长期护理保险所带来的外部边际收益为 M 元，政府给每位长期护理保险的参保人发放 M 元的财政补贴后即能够将长期护理保险正外部性内在化。此时，供给曲线位置保持不变，而因每位投保人的社会边际效益增加了 M 元，需求曲线将向右上方移动至 $D'=MPB+M$，新的市场均衡点为 Q_2，从而达到长期护理保险供需的最佳水平。

通过上述分析，财政补贴长期护理保险的意义在于：通过影响价格

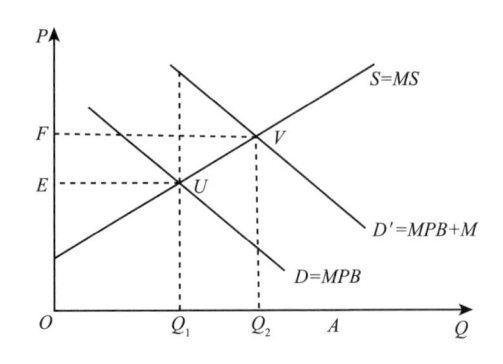

图 3.3　长期护理保险外部效应内在化

结构，将外部效应内部化，降低长期护理保险的净价格，从而增加人们的投保需求量，达到社会最优需求规模水平，以此有效贯彻国家的经济政策，调解国民经济健康有序运行。财政补贴的规模和范围应与国民经济稳定发展的实际需要相符合，有效的财政补贴能够起到四两拨千斤的作用，带动经济社会的可持续发展；过度的财政补贴则会造成财政负担加重，价格关系扭曲，还易使补贴接收者不可避免地产生依赖思想，加剧不公平竞争。

3.2.5　经济增长理论

经济增长是经济学发展史中研究的重点。早期的重商主义学者认为，货币财富的积累是经济增长的源泉（Tobin，1965），贸易出口是一国提高经济增长的重要方式（Ram，1985）；而重农主义学者则认为农业收入的多少才是一国财富多少的表现（Peterson，1933）。古典经济学的开创者亚当·斯密在其著作《国富论》中系统地研究了18世纪资本主义国家的经济增长问题，他将人均产出提升作为经济增长的表现形式，认为分工和增加生产性劳动者数量都能够提高劳动生产率，是实现经济增长的两种有效途径（Chandra，2004）。他还认为资本积累可以通过影响专业化分工和增加劳动者数量，最终对经济增长产生影响。李嘉图从收入分配视角研究了经济增长问题，通过对地租、工资以及利润收入变化规律的分析，探讨影响经济增长的因素。李嘉图认为投入再生产领域的资本的多寡决定了生产能力扩大的速度，由于投入的资本具有边际报酬递减的特点，为了避免资本积累长期趋于萎缩，需要政府采取一定的政策干预（Letiche，1960）。古典经济学集中于对客观价值的研究，奠定了劳动价值论的基础。

随着经济的发展，古典经济学既有理论不能很好地解释客观经济过程中日积月累的新情况和新问题，于是经济学家们开始探索新的研究方法，以主观心理分析为核心的边际效应分析范式得到研究者的重视，它取代了客观价值理论分析方式，将数学方法引入经济分析，把对效用的"边际增量"分析扩展到价值论和分配论（马涛，2014）。资本主义经济危机用事实否定了萨伊定律，并与马歇尔自由放任、国家不干预经济生活的政策主张相背离，主张国家通过财政赤字进行经济干预的凯恩斯经济理论应运而生。凯恩斯理论在短期分析中具有很好的解释力，由于其忽略了时间因素，在长期动态分析中略见不足。哈罗德和多马基于就业理论，将凯恩斯理论长期化和动态化，建立了哈罗德—多马经济增长模型，他们使用投入要素之间缺乏替代性的生产函数论证资本主义体制所固有的不稳定性，很好地解释了失业现象和通货膨胀现象（Acha，2011）。虽然该模型在大萧条期间和之后得到了很多经济学家的认可，但由于其对长期经济均衡增长条件（实际增长率、合意增长率与自然增长率相等）的定义颇为严苛，而实际增长率、合意增长率和自然增长率三者取决于不同因素，很难相等，故经济均衡增长的可能性极小。该模型被美国经济学家形象化为"锋刃上的增长"（Baetjer，2000）。

针对哈罗德—多马模型的局限性，美国经济学家索洛（1956）和英国经济学家斯旺（1956）在同期提出了资本和劳动之间可以相互替代的观点，并将技术进步作为影响经济增长的外生变量构建增长模型，后人称为索洛—斯旺模型。用 K 表示总资本存量，L 表示总劳动力数量，那么人均资本存量和人均产出可以分别表示为：

$$k = K/L \tag{3.20}$$

$$f(k) = F(K,L)/L = F(K/L,1) = F(k,1) \tag{3.21}$$

在生产函数 $Y=f(K,L)$ 满足边际产品递减且为正、规模报酬不变、符合稻田条件①、人口为外生变量且增长速率保持不变等四个条件时，索洛—斯旺模型的基本方程可以描述为：

$$\dot{k} = sf(k) - (n+\delta)k \tag{3.22}$$

式中，$\dot{k}$（$\dot{k}=dk/dt$）表示人均资本存量变化率，$n(n\geq 0)$ 表示人口增长率，$\delta(\delta\geq 0)$ 表示资本折旧率。

用 s 表示储蓄率，它是一个外生变量，那么索洛—斯旺模型实现经济增长的条件方程为：

$$sf(\dot{k}) = (n+\delta)\dot{k} \tag{3.23}$$

美国数学家柯布和经济学家保罗·道格拉斯在索洛—斯旺基础上引入技术进步因素，从经验层次分析技术进步对经济增长的贡献，柯布—道格拉斯总量生产函数（即 C–D 函数）表示为：

$$Y = AK^{\alpha}L^{\beta} \tag{3.24}$$

式中：A 为效率参数，表示那些影响产出增加量，但既不单独归属于资本因素，也不能单独归属于劳动因素的其他影响因素，α 表示资本的产出弹性系数，β 表示劳动的产出弹性系数。α 和 β 反映的是劳动和资本在国民收入分配中的占比，根据二者数值之和，可以判断规模报酬情况：$\alpha+\beta<1$ 时，规模报酬递减；$\alpha+\beta=1$ 时，规模报酬不变；$\alpha+\beta>1$ 时，规模报酬递增。

---

① 稻田条件即为新古典生产函数，满足：一阶导数大于0，二阶导数小于0；另外，当生产要素投入趋于0时，一阶导数的极限无穷大，当生产要素的投入趋于无穷大时，一阶导数的极限等于0。

新古典经济学学者将技术进步作为外生变量进行研究，对于"什么是技术进步以及技术进步的源泉一无所知"，限制了经济增长理论对欠发达国家政策制定的指导意义。为了能更好地将经济增长理论应用于实践，很多经济学家在探寻技术进步来源方面进行了有益尝试。纳洛夫和阿罗（Nerlove & Arrow, 1962）提出了"边干边学"的概念，并建立了"干中学"模型。他认为，边干边学是经验的副产品，实际工作中所积累的经验能够形成人力资本，并且"干中学"只发生于解决问题的相关生产活动中，且具有递增的生产力。基于两个假设：其一，经验知识是公共品，具有外部性，单个厂商可以免费从其他厂商或整个社会的资本积累所引起的知识积累中获益；其二，经验知识是资本积累的副产品，经验知识会随着社会资本存量的增加而不断增加，同时技术水平也会不断提高，从而对生产起到规模报酬递增的效应。阿罗的"干中学"模型的生产函数可以表示为：

$$Y = AK^{\alpha}[b(t)L]^{1-\alpha} \tag{3.25}$$

式中，A 表示效率参数，K 表示资本，L 表示有效劳动，$b(t)$ 表示劳动效率，且 $b(t) = CK^{\beta}$（C 为常数，$0 < \beta < 1$）。

除柯布—道格拉斯生产函数和阿罗"干中学"生产函数外，常用生产函数还有固定替代弹性生产函数（CES 生产函数）、变替代弹性生产函数（VES 生产函数）以及超越对数生产函数，此处不作详细介绍。

3.3 长期护理保险财政补贴影响经济增长的作用机制

以索洛（Solow）为代表的新古典增长理论认为，一国的产出值主要由劳动力和资本两种要素共同决定，即 $Y = A \cdot F(K, L)$。这些驱动经济增长的因素实际上都是经济中无数消费者或家庭和厂商决策的结果，对长期护理保险参保人进行财政补贴则会有效地改变家庭所面临的预算约束和福利状况，影响个人的劳动供给、储蓄和消费等微观经济决策，进而影响到经济运行中的劳动力形成和物质资本形成，不可避免地对经济增长产生影响。政府手中的资源总是相对有限的，尤其是对发展中国家而言，税收资源的相对紧张使得财政补贴支出对于经济增长的意义显得更为重要。有限的税收资源是否用于长期护理保险财政补贴开支以及多大部分用于此目的，是否会对经济产生良好的效果，是一个值得深入探索和研究的问题。长期护理保险财政补贴支出属于社会保障支出的一部分，根据大部分学者的研究思路，本书把财政补贴作为中间变量，分析其通过影响劳动力、资本等生产要素进而对经济增长产生影响的作用机制。

3.3.1 作用机制之一：财政补贴—劳动力—经济增长

劳动力投入是影响经济增长的重要因素。为老年人提供长期照料是一项劳动密集型活动，随着养老产业的发展，老年长期护理作为商品既可以在家庭内部生产，也可以在市场上买到，长期护理保险制度的实施通过家庭跨期预算约束，将家庭照料者的非正式照料和工作决策联系在一起，财政补贴的实施则对这一约束产生影响。长期护理要么是由配偶或子女、邻居等提供的非正式照护，要么是由专业门诊护理或由疗养院提供的正式照护。要确保长期护理保险财政补贴支出达到其制度目标，就必须了解财政干预影响长期护理保险制度参保人对非正式照料和正式照料决策的作用机制，对这一机制的影响在过去的几十年里受到了经济学家的普遍关注。

非正式护理和正式护理是可以替代或补充的，而且不同类型的正式护理之间的关系也可能有所不同。因此，旨在使长期护理制度化的财政补贴政策将对非正式护理的提供以及非正式护理提供者的劳动市场参与产生影响，这反过来又增加了税收，从而增加了用于长期护理保险财政补贴开支的预算。长期护理保险财政补贴支出决定了家庭护理生产函数及其对非正式护理和机构护理之间的权衡。由于非正式照料是一项耗时的活动，非正式照料替代了提供给劳动力市场或休闲的时间。研究表明，提供非正规照料的大多是被照料者的配偶或子女。对于处于劳动年龄的非正式照料者而言，提供照料影响了个人的工资，从而影响了提供家庭照料的机会成本。一个理性的决策者在面对非正式护理和正式护理选择时就应该预见到这一情况，并在劳动市场的决策中考虑到这一点。研究表明，政策制定者在设计长期护理保险财政补贴时，不仅要关注眼前的劳动力市场问题，还应包括对下一代的激励措施。在实施长期护理保险的国家，长期护理保障水平对家庭照料者是否参加工作、工作时间及工资都产生了显著影响，如男性为家人提供非正式照料导致其工作时间下降 2.4 个百分点，女性则更倾向于为家人提供非正式照料而提前退休，对于仍在工作的女性非正式护理提供者，她们每周减少 3~10 小时的工作时间，并且面临着比无护理者低 3% 的工资（Geyer et al., 2017）。

综上所述，财政补贴、劳动力和经济增长这三个相互联系的问题的内在逻辑为：对长期护理保险进行财政补贴，能够影响失能者获得的正式照料数量和质量，进而改变其家人在非正式照料和正式照料问题上的决策，家庭长期护理决策影响潜在照料者的劳动供给决策，进而影响社会劳动力市场结构，并最终表现为对宏观经济增长的影响。因此，长期护理保险财政补贴通过劳动力传导作用影响经济增长的作用机制可以归纳为：财政补贴→正式照料数量和质量→非正式照料和正式照料决策→潜在照料者的劳动供给决策→劳动力市场结构→经济增长。

3.3.2 作用机制之二：财政补贴—物质资本—经济增长

除了劳动力投入能够提高产出或实现经济增长外，储蓄或物质资本形成也是影响经济增长的重要因素。在比彻和巴罗（Becher & Barro, 1988）将生育行为内生化之前，经济学家在研究经济增长时通常将劳动力视为外生变量，普遍认为社会总产出或经济总量由物质资本积累直接决定，储蓄形成了生产中的投资及物质资本，是实现长期经济增长的源泉，因此，一个国家经济增长速度的快慢取决于该国储蓄水平的高低。也正因为如此，一直以来经济学家们都致力于通过研究社会保障的储蓄效应，来分析社会保障对经济增长的影响。长期护理保险及财政补贴的引入直接改变了在经济中追求一生效用最大化的理性个人的预算约束，改变了他们的收入在一生中不同时期之间的分配，必然会对个人的储蓄及储蓄倾向产生影响。借鉴社会保障支出与经济关系的研究思路，讨论长期护理保险财政补贴经济效应时，研究的重点自然而然地集中在长期护理保险财政补贴是降低还是提高一国储蓄率或储蓄倾向等方面。

代际交叠模型很好地体现了社会保障的内在逻辑，并且能够推导出社会保障支出对私人储蓄的影响。研究发现，扩大医疗保险及长期护理保险以后，人们大大减轻了对未来生活的忧虑，使得家庭在就业期间选择减少储蓄、关注当前生活，储蓄率普遍下降，并且这一点在英国和美国的医疗护理领域内得到了验证。也有研究表明，利他主义和遗赠动机的存在，大大抵消了长期护理保险公共转移支付对储蓄的影响效应，长期护理保险现收现付的制度特征并不能减少私人储蓄，对私人储蓄和社会财富积累的作用是负面的。总体来看，未来收入不确定性预期和支出风险的增加会促使居民降低消费，增加预防性储蓄。因此，长期护理保险财政补贴的储蓄效应表现为：第一，财政补贴为居民在长期护理保险参保过程中节省了保费支出，增加了可支配收入，提高了储蓄能力；第二，在参保人缴纳长期护理保险保费一定的情况下，财政补贴的实施能够提高长期护理保险保障水平，有利于减少居民老年失能长期护理支出的不确定性预期，增强消费信心，提高消费意愿，产生储蓄的财富替代效应；第三，长期护理保险财政补贴通过改善老年人主观福利和健康状况，延长其寿命周期，促进社会人口年龄结构转变，从而对居民总体储蓄倾向产生影响。总体来说，长期护理保险财政补贴对居民储蓄会产生影响，进而对经济增长产生影响。

财政补贴、物质资本积累和经济增长是三个相互联系的问题。长期护理风险的客观存在是前提，没有长期护理风险，就谈不上长期护理保险，更不涉及对长期护理保险进行财政补贴。对长期护理保险进行财政补贴，能够影响人们对未来面对失能风险时的支出预期，进而改变其预防性储蓄决策，个体的储蓄决策影响社会物质资本的积累，并最终表现为对宏观经济增长的影响。因此，根据上述分析，长期护理保险财政补贴通过物质资本的传导作用影响经济增长的作用机制可以归纳为：财政补贴→个体及家庭失能支出预期→个体及家庭储蓄决策→社会物质资本积累→经济增长。

3.4 基于经济增长目标的财政补贴动态调整分析框架

社会保障及支出通过劳动就业、储蓄投资、收入分配等多个方面对经济增长产生影响（刘新，2010；于长革，2007；Jie Z & Zhang J，2004）。国内学者借鉴社会保障支出经济效应的研究思路，研究了社会保险财政补贴的经济效应，如王亚柯和李鹏（2020）研究了农村养老保险财政补贴的激励效应和再分配效应；刘中海（2020）研究了农村居民养老保险财政补贴的福利效应；文敏等（2019）研究了农村养老保险财政补贴的收入再分配效应。作为社会保障领域的新制度，长期护理保险制度的运行及其财政补贴费用的筹集和支出参与了社会经济系统循环，因此长期护理保险制度及财政补贴支出的状况和变化，必然直接或者间接地作用于经济系统运行，产生一系列的连锁反应和整体效应。科恩和雷德（Korn & Wrede，2012）研究了长期护理补贴如何影响女性劳动供给决策；权玄贞和高智英（Kwon & Ko，2015）、盖耶和科夫黑奇（Geyer & Korfhage，2015）研究了长期护理保险制度的劳动供给效应；斯隆等（Sloan et al.，1996）研究了财政补贴对家庭储蓄和长期护理决策的影响；戈达（Goda，2011）研究了长期护理保险制度的储蓄效应；盖耶等（Geyer et al.，2017）研究了长期护理保险制度与财政的内在关系。目前关于长期护理保险财政补贴经济效应的研究还不够全面，在财政补贴动态调整方面还存在空白。本书将经济增长作为财政补贴调控目标，首先分析既定经济增长目标下长期护理保险制度所要达到的保障水平及基金支出需求，然后以财政补贴作为调控手段，弥补期望基金收入与实际基金收入之间的偏差。财政补贴在直接增加长期护理保险基金收入的同时，也将通过劳动供给效应和储蓄效应对经济增长产生影响，间接增加长期护理保险基金收入，最终调节经济系统从现实的增长水平向目标增长水平运行。本章初步建立了一个长期护理保险财政补贴经济效应及动态调整研究理论分析框架（见图3.4），希望为下文实证分析长期护理保险财政补贴的劳动供给效应和储蓄效应提供理论分析依据，并为基于经济增长的财政补贴动态调整测算提供思路，从而使全书的研究更具系统性和内在逻辑性。

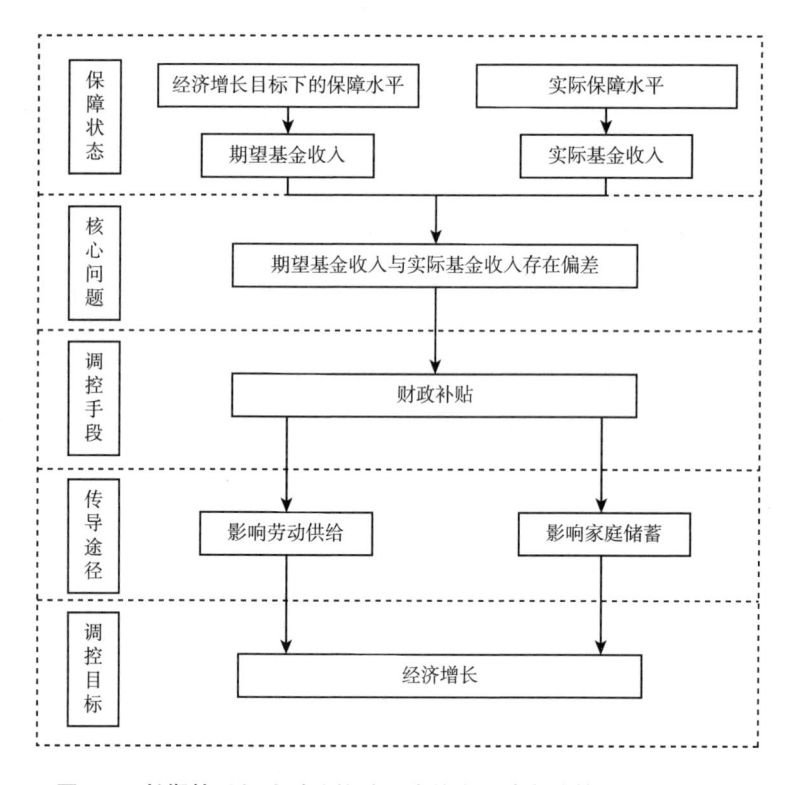

图3.4　长期护理保险财政补贴经济效应及动态调整理论分析框架

3.5　本章小结

本章首先对长期护理保险、长期护理保险财政补贴、劳动供给、预防性储蓄、经济增长和长期护理保险财政补贴动态调整等相关概念进行了界定；然后从社会保障理论、劳动供给理论和预防性储蓄理论三个方面梳理了长期护理保险财政补贴经济效应研究的理论基础；从财政补贴理论和经济增长理论两个方面梳理了财政补贴动态调整机制构建的理论基础，为分析长期护理保险财政补贴经济效应及动态调整研究提供了理论支撑；再然后，分析了长期护理保险财政补贴通过社会资本积累和劳动力要素的传导作用影响经济增长的运行机制，并最终给出了基于经济增长目标的长期护理保险财政补贴动态调整理论分析框架。

第 4 章

长期护理保险财政补贴现状及存在的问题

在国家推行试点之前，上海、青岛、长春等地区就已经开始探索长期护理保险制度。2016 年，人社部办公厅发布《关于开展长期护理保险制度试点的指导意见》提出"通过优化职工医保统账结构、划转职工医保统筹基金结余、调剂职工医保费率等途径筹集资金，并逐步探索建立互助共济、责任共担的长期护理保险制度"，并确定在 15 个地区开展试点工作。本章主要阐述长期护理保险制度的建立与发展、长期护理保险财政补贴特征和长期护理保险财政补贴存在的问题及改进的方向。

4.1 长期护理保险制度的建立与发展

4.1.1 长期护理保险制度建立的背景

1. 人口老龄化为制度建设提出了实际需求导向

据统计数据显示，截至 2015 年底，全国 60 岁以上的老年人口数为 22200 万人，占人口总数的 16.1%，预计 2020 年高龄老年人数将达到

2900万人。如最早探索建立长期护理保险制度的青岛市，其人均预期寿命高达80岁以上，高于荷兰、以色列、德国和韩国等国家建立长期护理保险制度时的人均预期寿命水平。[①] 在老龄化人口中，高龄人口增长速度更快，第六次人口普查数据显示，2010年青岛市80岁以上人口数为19.45万人，并以4.97%的年均增长速度增长至2012年的21.43万人，比同期65岁及以上人口年均4.16%的增长速度高0.79个百分点（杨明旭，2016）。随着年龄的增长，老年人各项身体机能自然衰退，健康水平持续下降。据2013年第五次国家卫生服务调查分析报告显示："老年人口的两周患病率为56.9%，慢性病患病率为71.8%，与第四次国家卫生服务调查相比，分别增长了13.7百分点和28个百分点。"随着人口老龄化发展和患病率的提高，失能老年人口数量越来越多，11.6%的老年人每月需要近30天的日常生活照料，产生了庞大的长期护理需求。一方面，随着人口出生率的下降，在第三次人口普查时期，青岛市的平均家庭户规模为4.07人，到了第六次人口普查时期平均家庭户规模仅为2.79人，家庭小型化和核心化趋势明显，甚至出现了大量的"空巢家庭"，能够为父母提供家庭照料的子女数量大幅度减少（杨贞贞，2014）。另一方面，传统社会下，女性是家庭照护责任主要承担者，随着受教育程度的提高，女性就业逐渐成为常态，并且异地就业越来越普遍，女性职业化与原有家庭护理者身份的冲突，加剧了家庭照料资源不足的窘境，传统的家庭护理功能逐渐弱化（Brown J R & Finkelstein A，2008）。可见，老龄化趋势下长期护理需求数量与现代社会家庭照料供给数量之间的巨大缺口，迫切需要社会化养老及护理服务的补充，为长期护理保险制度的建设提出了实际需求导向。

2. 快速稳定的经济发展水平为制度建设创造了发展空间

2016年我国人均GDP水平为8100美元，社会保障支出占GDP比重

[①] 陈秉正．中国养老金发展报告2017——长期护理保险试点探索与制度选择［M］．北京：经济管理出版社，2017：145．

为9.3%，与其他国家建立长期护理保险制度初期的经济发展水平还有一定的差距（见表4.1）。

表4.1　　各国建立长期护理保险制度时的环境条件

国家	制度建立年份	当年人均GDP（美元）	当年社会保障支出占GDP比重（%）
荷兰	1968年	20283	20
以色列	1988年	19927	—
德国	1995年	32832	25
日本	2000年	33161	19.2
韩国	2008年	28673	9.5
中国	2016年（试点）	8100	9.3

资料来源：陈秉正. 中国养老金发展报告2017——长期护理保险试点探索与制度选择[M]. 北京：经济管理出版社，2017：54.

我国试点城市在颁布长期护理保险实施办法时大部分地区经济发展水平高于全国平均水平（见表4.2）。青岛、南通和长春三个城市在全国试点之前已先行展开了相关制度探索。青岛市于2012年6月19日发布长期护理保险实施办法，当年人均地区生产总值达到82680元，按照2012年人民币对美元的平均汇率计算（1美元=6.3125元人民币），人均达到了13097.82美元。这为青岛市在国家从战略层面试点前就先行探索长期护理保险制度奠定了坚实的经济基础。南通和长春分别于2015年发布长期护理保险实施办法，按照2015年人民币对美元的平均汇率计算（1美元=6.2284元人民币），人均地区生产总值分别达到了13524.50美元和11772.53美元。在财政收入方面，2012年青岛市一般性财政收入为670.18亿元，增长速度为18.38%，社会保障和就业支出为55.80亿元，增长速度为16.69%。2015年南通市财政收入增长水平较高，但社会保障和就业支出水平相对较低；长春市财政收入出现了下降趋势。其他城市则主要是在《关于开展长期护理保险制度试点的指导意见》下发后，陆续开展长期护理保险试点工作的。苏州、成都、重庆、上海、广州和宁波等城市在制度试点当年人均地区生产总值水平较高，财政收入较上一年度均有所增长。荆门、安庆和承德等少数地区在制度试点当年人均地区生产总值水平相对较低。

表4.2　试点地区制度建立当年的经济发展水平及财政收支状况

试点地区	发文日期	人均地区生产总值（万元）	财政收入（亿元）	财政收入增长率（%）	社保支出（亿元）	社保支出增长率（%）	社保支出占地区生产总值比重（%）
青岛市	2012-6-19	8.27	670.18	18.38	55.80	16.69	0.75
苏州市	2017-6-28	16.19	1908.10	10.30	25.15	25.57	0.15
荆门市	2016-11-22	5.24	180.94	10.91	28.32	17.20	1.86
安庆市	2017-1-12	3.69	290.86	8.70	99.10	14.80	5.80
承德市	2016-11-23	3.74	147.00	-10.11	14.20	10.01	0.99
南通市	2015-9-30	8.42	625.60	13.80	6.80	—	0.11
上饶市	2016-12-1	2.69	302.00	4.10	64.50	10.20	3.56
成都市	2017-2-13	8.69	1275.50	11.30	159.81	14.23	1.15
重庆市	2017-12-11	6.37	2252.00	3.01	378.00	13.55	1.94
长春市	2015-2-16	7.33	1078.20	-6.80			
上海市	2016-12-29	11.36	6406.13	16.10	490.80	146.39	1.79
石河子市	2017-3-10	—	—	—	—	—	—
广州市	2017-7-31	15.07	5947.00	14.00	222.60	7.80	3.74
宁波市	2017-5-31	12.40	2415.80	12.40	150.66	29.52	1.53

资料来源：笔者根据各试点地区《国民经济和社会发展统计公报》和《财政预算执行情况》整理并计算所得。

3. 有利的政策环境为制度试点指明了方向

从政策环境来看，我国"十一五"规划纲要明确提出将积极应对人口老龄化作为民生保障建设的重要内容。2006年，青岛市出台了《城镇基本医疗保险社区老年医疗护理住院政策》，将老年护理院纳入医保报销范围，探索通过城镇医疗保险解决失能老人的医疗护理问题，标志着其长期护理保险制度的萌芽。在2011年进行的专护试点工作基础上，青岛市于2012年出台了《关于建立长期医疗护理保险制度的意见（试行）》，明确规定将"参加城镇职工基本医疗保险、城镇居民基本医疗保险的参保人"作为保障对象，打响了我国实行社会性长期护理保险制度的第一枪，标志着我国长期护理保险正式进入制度探索阶段。2013年9

月国务院颁布《关于加快发展养老服务业的若干意见》，提出"推动医养融合发展；健全医疗保险机制，鼓励老年人投保长期护理保险"。为了整合医保制度体系的碎片化，实现医保体系的城乡公平性，青岛市于2014年进行了社会医疗保险改革，出台了《青岛市社会医疗保险办法》，明确提出"建立长期护理保险制度"，将居民社会医疗保险参保人纳入覆盖范围。2015年，长春市和南通市陆续颁布医疗照护保险实施意见，并进行制度试点。党的十八届五中全会确定全面推进积极老龄化和健康老龄化的奋斗目标，首次从国家战略层面将建立长期护理保险制度纳入"十三五"规划纲要。2016年6月人社部办公厅发布《关于开展长期护理保险制度试点的指导意见》提出"探索建立以社会互助共济方式筹集资金的长期护理保险制度，利用1~2年试点时间，积累经验，力争在"十三五"期间，基本形成适应我国社会主义市场经济体制的长期护理保险制度政策框架"。在《关于开展长期护理保险制度试点的指导意见》下发后，各试点地区陆续下发了长期护理保险试点方案（见表4.3）。青岛市对原医疗护理保险管理办法进行了完善与升级，并于2018年2月28日发布《青岛市长期护理保险暂行办法》，提出"政府对职工长期护理保险参保人按照每人每年30元的标准给予财政补贴；建立延缓失能失智预防保障金"。可以看出，在党中央、国务院和各级政府的高度重视下，我国全面建设长期护理保险制度的制度定位和指导方针基本明确。

表 4.3　　　　　　　试点地区长期照护保险相关政策文件

试点地区	颁布时间	政策名称
青岛市	2012-6-19	《青岛市长期医疗护理保险管理办法》
	2018-2-28	《青岛市长期护理保险暂行办法》
苏州市	2017-6-28	《关于开展长期护理保险试点的实施意见》
荆门市	2016-11-22	《荆门市长期护理保险办法（试行）》
安庆市	2017-1-12	《关于安庆市城镇职工长期护理保险试点的实施意见》
承德市	2016-11-23	《关于建立城镇职工长期护理保险制度的实施意见（试行）》

续表

试点地区	颁布时间	政策名称
南通市	2015-9-30	《关于建立基本照护保险制度的意见（试行）》
上饶市	2016-12-1	《关于开展长期护理保险试点工作实施方案》
成都市	2017-2-13	《成都市长期照护保险制度试点方案》
重庆市	2017-12-11	《重庆市长期护理保险制度试点意见》
长春市	2015-2-16	《关于建立失能人员医疗照护保险制度的意见》
上海市	2016-12-29	《上海市长期护理保险试点办法》
石河子市	2017-3-10	《关于建立长期护理保险制度的意见（试行）》
广州市	2017-7-31	《广州市长期护理保险试行办法》
宁波市	2017-5-31	《宁波市长期护理保险试点实施细则》
临汾市	2018-1-15	《临汾市长期护理保险管理办法（试行）》

资料来源：笔者根据各试点城市政府官网整理而得。

4. 蓬勃发展的养老产业为制度试点提供了有力的服务供给支撑

截至2011年底，青岛市共有259家社区卫生服务机构，其中有135家被纳入医保定点社区卫生服务机构，包括：社区卫生服务中心49个，社区卫生服务站56个，老年公寓1个，护理院3个，全科医生诊所1个，医院13个，卫生院3个，门诊8个，保健中心1个（张艳红等，2013）。青岛市基本建立起了市内四区全覆盖的卫生服务体系，为2012年率先实行长期护理保险制度奠定了产业基础。随着长期护理保险制度的开展，老年护理相关产业得到了蓬勃发展，为养老产业的发展提供了广阔空间。到2016年底，青岛市拥有1244个老年日间照料中心，其中城市社区有527家，农村社区有717家，每个日间照料中心日均服务40人次，累计3万多名老年人享受了日间照料中心提供的各类服务（马煜辰，2018）；养老机构发展至228家，拥有养老床位共计39540张，其中开办医养结合的养老机构有177家，占养老机构总数的77.63%；床位数27141张，占总养老床位数的68.64%（杨文杰，2018）。青岛市医保定点社区卫生服务机构数量也不断增多，截至2011年底，社区卫生服务中心增加至75个，服务站增加至256个，老年护理院22个，其他形式的服务机构数量均有显著增加①；社区定点机构的医保医师由200多人增加到1700多人，工作人员也由1000多人增加到4000多人（姜日进等，2014）。以社区卫生服务中心为主体，以老年护理院、社区康复中心、社区照料中心、全科医生诊所为补充的城市社区卫生服务组织网络基本形成。随着医院在前些年的快速扩张，床位数和医护人员数量都大大增加，如每千人医院床位数从2010年的4.7张增加到了2015年的6.2张，每千人医生数从2.32名增加到3.35名②。在国家积极老龄化政策的指导下，我国在老龄事业发展和养老体系建设中取得长足发展，根据民政部《2015年社会服务发展统计公报》数据显示："截至2015年底，全国共有各类社区服务机构和设施36.1万个，覆盖率52.9%，其中社区服务指导中心863个，社区服务中心2.4万个，比上年增长4.3%，社区服务站12.8万个，比上年增长6.7%，社区养老服务机构和设施2.6万个，比上年增长36.8%，互助型的养老设施6.2万个，比上年增长55%，其他社区服务设施12.0万个，比上年增长12.1%。"

4.1.2 长期护理保险制度发展的基本历程

回顾中国长期护理保险制度的发展史，它经历了从无到有，从制度不健全到逐步完善，有失败也有成功，每一步走来都殊为不易。本书将长期护理保险制度演进进程划分为三个阶段：2005~2012年为混沌初开阶段；2012~2015年为萌芽阶段；2016年至今为初步发展阶段。

1. 混沌初开阶段（2005~2012年）

在这个时期，各地政府部门初步出台了诸如老人护理补贴、医疗补贴等与长期护理有关的政策，但是政策相对比较零散，并未围绕长期护

---

① 根据青岛市医疗保障局和青岛政务网公布的数据整理所得。
② 根据《2010年青岛市国民经济和社会发展统计公布》和《2015年青岛市国民经济和社会发展统计公报》计算而得。

理保险形成系统性的政策体系。2005年,从国外引进的商业长期护理保险在中国商业保险市场初露头角,初步形成了小规模的商业护理保险市场。由于商业长期护理保险公司以追求自身经济效益为目标,因此在产品定价中强调待遇水平和保费的对等,不具备社会再分配功能。

2. 萌芽阶段(2012~2015年)

在这个时期,少数地方政府开始建立政府主导的长期护理保险计划。由于上海市老龄化程度已经达到了发达国家的水平,老龄化所带来的老年人护理费用日益严重,因此,上海市格外重视老年护理保障体系建设和长期护理保险的发展,早在2009年就已经开始研究长期护理保险[①]。2012年6月19日,山东省青岛市人力资源和社会保障局、市财政局、市民政局、市卫生局、市老龄办、市总工会、市残联、市红十字会、市慈善总会联合发布了《关于建立长期医疗护理保险制度的意见(试行)》,标志着中国长期护理保险制度的诞生。2015年吉林省人社厅将长期护理保险试点作为推进民生工作的重要内容,在长春市率先进行具有长期护理保险性质的制度试点工作。2016年1月,江苏省南通市正式实施基本照护保险制度,通过政府、医保基金和个人等多种途径进行筹资。2016年6月以前,中国长期护理保险制度发展还处于地方政府自己摸索阶段,制度发展还极不成熟,主要表现在:一是范围小,仅有青岛市、南通市、长春市、上海市等少数城市在探索具有本地特色的长期护理保险制度。二是理念悬殊,如青岛市强调商业养老机构的作用,长春市在一定程度上鼓励以养老院为代表的护理机构护理,南通市明确表示鼓励居家养老。三是标准不一,特别是各地出台的待遇与标准差异很大。

3. 初步发展阶段(2016年至今)

2016年6月27日,《人力资源社会保障部办公厅关于开展长期护理保险制度试点的指导意见》(以下简称《指导意见》)发布,标志着中

---

① 陈秉正. 中国养老金发展报告2017——长期护理保险试点探索与制度选择[M]. 北京,经济管理出版社,2017.

央政府正式开始在长期护理保险制度建设上发力。该文件对长期护理保险保障范围、资金筹集、待遇支付、基金管理、服务管理、经办管理等内容提出了统一指导意见，并指定了15个城市进行首批试点。

总体来看，整个制度发展过程是诱致性变迁和强制性变迁的结合。首先是受社会诱致性因素（即社会不断增长的长期护理需求）的影响，在商业保险市场出现了长期护理保险产品；其次，一些地方政府开始尝试建立适合本地实际社会经济发展状况的长期护理保险制度；最后，中央政府提出建立长期护理保险制度的方向和原则，并指定一些城市进行试点，从而使强制性因素得到强化。

4.2　长期护理保险财政补贴特征

筹资机制是关乎长期护理保险制度公平性和可持续运行的重要环节。根据《指导意见》的规定，现阶段各试点地区可以结合自身实际情况，通过优化职工医保统账结构、划转职工医保统筹基金结余、调剂职工医保费率等多种途径筹集资金，建立与经济社会发展和保障水平相适应的动态筹资机制。目前，试点地区形成了依靠医保统筹基金划拨为特征的单元筹资方式和以"医疗保险基金划拨+个人和单位缴费+财政补贴"为特征的多元筹资方式两种。政府为长期护理保险提供财政补贴，几乎出现在全球所有公共长期护理保险体系中，是财政介入长期护理保险领域并发挥引导作用的主要方式（Brown J R & Finkelstein A, 2008）。由于各试点地区的经济发展水平、人口结构状况、政府财政收入等存在差异，因此财政补贴方式、补贴对象和补贴环节也不尽相同（文太林，张晓亮，2020）。从各试点地区已经颁布的长期护理保险实施办法来看，宁波市和广州市明确规定了长期护理保险基金全部来源于医保统筹基金，个人不需要缴费，政府也无须给予财政补贴（周硕，2018；张茹茜，张舒，2020）；齐齐哈尔市和安庆市规定长期护理保险基金来源于医保基金和个人缴费，也未提及财政补贴（杨杰，2019）。根据本书研究目的，剔除上述四个在筹资过程中没有体现财政补贴的地区后，分别从"补贴对象""补贴方式""补贴环节"三个方面对不同试点城市的长期护理保险财政补贴政策进行比较。

4.2.1 补贴对象

根据长期护理保险财政补贴对象范围不同，本书将财政补贴划分为"普惠型"补贴、"补缺型"补贴和"混合型"补贴三类（见表4.4）。

表4.4　长期护理保险试点城市财政补贴对象分类

补贴对象	城市	政策内容
普惠型	青岛、苏州、承德	对所有参保人实行无差别的财政补贴
补缺型	成都	财政补贴按照城镇职工基本医疗保险中退休人员参保人数进行补助，以退休人员城镇职工基本医疗保险个人账户划入基数为缴费基数，按每人每月0.1%的费率，按年度进行补贴
补缺型	南通	对所有职工医疗保险参保人按照每人每年40元标准给予财政补贴；未成年人（含在校学生）以及城镇最低生活保障家庭、特困职工家庭、完全或大部分丧失劳动能力的重残人员（1~2级）由政府全额补助，个人无须缴纳
补缺型	石河子	残疾人和老年人（60岁以上）
补缺型	上海	70周岁以上人员，财政补贴1260元/人/年；60周岁以上、不满70周岁人员，财政补贴840元/人/年
混合型	荆门	按照本市上年度居民人均可支配收入的0.4%确定缴费基数，财政补贴37.5%；享受最低生活保障的人员、完全丧失劳动能力的重残人员（1~2级）以及特困供养对象由财政全额补贴
混合型	上饶	涉及财政供给的机关事业单位、关闭破产改制及困难企业单位缴费由同级财政从彩票公益金划转或由财政予以补贴

资料来源：文太林，张晓亮. 长期护理保险财政补贴研究——基于15个试点城市的比较分析[J]. 地方财政研究，2020（1）：95.

"普惠型"补贴是指在筹资中不区分参保人的经济生活状况，对所有参保人实行无差别的财政补贴。如苏州、青岛、承德等城市，这种补贴方式主要突出了公平原则，体现长期护理保险制度底线公平的价值取向。在财政预算约束下,"普惠型"补贴方式的受益对象得到的补贴力度较小,财政补贴效应发挥有限。"补缺型"补贴方式是针对某些特殊群体,如退休人员、低收入人群或生活困难人群实行的财政补贴。采取"补缺型"补贴方式的城市主要有成都、南通、石河子和上海。这种补贴方式在财政预算约束下具有较强的针对性,能够有效发挥财政补贴的效率。"混合型"补贴是同时具有"普惠型"补贴和"补缺型"补贴特征的补贴方式,如荆门和上饶两个城市。在实行"补缺型"补贴和"混合型"补贴的城市中,通常将财政补贴对象标准与社会救助体系相挂钩,对属于社会救助的对象进行财政补贴,将他们纳入长期护理保险保障范围,如南通、上海、石河子、荆门等城市都将享受最低生活保障人员、特困人员、重残人员确定为补助对象。通过财政补贴,在不破坏保险精算平衡的原则下,将社会救助对象纳入长期护理保险体系,使社会救助对象多了一道生活保障,实现了长期护理保险与社会救助的有机结合。

4.2.2 补贴方式

从目前实施长期护理保险的情况来看,补贴方式主要包括定额补贴和定比补贴两种类型(见表 4.5)。

表 4.5   长期护理保险试点城市财政补贴方式分类

补贴方式	城市	政策内容	责任划分
定额补贴	青岛	给予职工护理保险参保人每人每年 30 元财政补贴	市级统筹
	苏州	试点第一阶段,政府给予每人每年 50 元财政补贴	各级财政划拨
	上饶	给予所有参保人每人每年 5 元财政补贴	同级财政统筹
	南通	给予所有职工医疗保险参保人每人每年 40 元财政补贴;对特定居民医疗保险参保人实行全额财政补贴	同级财政统筹
	石河子	给予符合补贴标准的特定对象每人每年 50 元财政补贴	同级财政统筹

续表

补贴方式	城市	政策内容	责任划分
定比补贴	承德	按照本市上年度工资总额的0.4%确定缴费基数，财政补贴筹资金额的37.5%	同级财政统筹
	荆门	按照本市上年度居民人均可支配收入的0.4%确定缴费基数，财政补贴筹资金额的37.5%	同级财政统筹
	成都	以退休人员城镇职工基本医疗保险个人账户划入基数为缴费基数，按每人每月0.1%的费率，按年度进行补贴	市和区（市）县财政按比例分担
	上海	以城乡居民个人缴费总筹资额缴费基数，财政补贴85%	市、区财政按照1∶1比例分担

资料来源：文太林，张晓亮. 长期护理保险财政补贴研究——基于15个试点城市的比较分析［J］. 地方财政研究，2020（1）：95.

定额补贴方式是指对所有参保人实施固定金额的财政补贴，如青岛、苏州、上饶、安庆和石河子等城市。定额补贴的优点是补贴形式简单、易于操作，不足之处在于动态适应性较差，难以体现缴费责任的分摊比例，不易体现地方经济社会发展水平或社会保障程度。定比补贴是指政府根据参保人的缴费基数，给予一定比例的财政补贴，如承德、荆门、成都、上海和南通等城市。定比补贴的优点是财政补贴金额根据缴费基数变化而变化，具有较高的动态适应性，明确体现了政府与个人在筹资中的责任分担情况。

在所有实行定额补贴方式的试点城市中，整体补贴力度较小，其中上饶市最小，其补贴标准仅为每人每年5元。另外，石河子市仅针对符合一定要求的参保人给予每人每年50元的财政补贴。在实行定比补贴的试点城市中，各试点城市的差异主要在于财政补贴基数和财政补贴比例不同。承德和荆门分别以上年度工资总额的0.4%和上年度居民人均可支配收入的0.4%确定缴费基数，在此基础上，财政再补贴筹资金额的37.5%；成都和上海两个试点地区仅对特定对象给予财政补贴。

在财政责任划分方面，青岛市实行市级统筹，财政补贴责任由市级财政承担；成都实行市和区（县）按比例承担的统筹办法；上海市由市、区财政按照1∶1比例分担；其他试点城市则一律实行同级财政统筹安排的管理办法。

4.2.3 补贴环节

借鉴文太林和张晓亮（2020）的划分方法，根据长期护理保险财政补贴环节不同，将试点城市划分为"补入口"和"补出口"两种补贴类型（见表4.6）。

表4.6 长期护理保险试点城市财政补贴环节分类

补贴环节	城市	政策内容
补入口	青岛、苏州、荆门、承德、南通、上饶、成都	在缴费环节以固定金额或一定比例进行财政补贴
补出口	重庆	各区县当期基金收支缺口通过市调剂金、本地区财政补助等渠道解决；建立奖补机制，根据试点区县长期护理保险运行情况，对试行良好、管理规范的区县，市级通过转移支付的方式给予基金补贴
	长春	医疗照护保险资金出现超支时，由市人力资源和社会保障部门会同财政部门按程序报市政府，研究确定财政分担办法
混合式	上海	缴费环节：政府会按照个人缴费总额的85%对第二类人群进行补贴；给付环节：当长期护理保险基金分账运行的账户出现资金缺口时，进行补贴
	石河子	缴费环节：按照规定对符合补贴标准的特定群体进行补贴；给付环节：按照每年度50万元的标准，充实长期护理保险基金

资料来源：文太林，张晓亮. 长期护理保险财政补贴研究——基于15个试点城市的比较分析[J]. 地方财政研究，2020（1）：95.

青岛、苏州、荆门、承德、南通、上饶、成都等城市在筹资过程中对参保人提供一定金额或一定比例的财政补贴，本书称之为"补入口"。这种补贴方式充分体现了政府在筹资中的支持作用：一方面，财政补贴能够在不增加个人和企业缴费负担的情况下拓宽长期护理保险基金来源；另一方面，对特殊群体实行的全额财政补贴政策能够扩大长期护理保险的覆盖范围，充分发挥财政支出的社会福利效应。

重庆、长春等城市规定在长期护理保险基金收不抵支，出现基金缺口时，政府以转移支付形式提供财政补贴，本书称之为"补出口"。这种补贴方式强调了财政补贴的"兜底性"责任：一方面，有利于促进长期护理保险管理部门不断提高精算水平和管理水平，依靠自身能力实现制度的良性运行；另一方面，一旦制度出现收支失衡情况，政府履行"最后保险人"的义务，避免制度陷入崩溃，能够免除参保人的后顾之忧，提升其对长期护理保险制度的信心。重庆市除了规定在试点期间各区县当期基金出现收支缺口时，通过市级调剂金、本地区财政补助等渠道解决以外，还明确规定了建立奖补机制，对试行良好、管理规范的区县，市级财政通过转移支付方式给予长期护理保险基金补贴。重庆市是众多试点城市中唯一一个建立奖补机制的城市，这笔具有奖励性质的财政补贴资金，充分调动了各区县推动长期护理保险发展的积极性，促进其不断提高和优化管理水平，对试点工作的展开具有积极意义。长春市在长期护理保险制度实施意见里提到，当长期护理保险资金出现超支时，政府承担财政补贴责任，但是具体财政分担办法还未公布。

上海市和石河子市采取"补入口"+"补出口"的混合补贴模式。在"补入口"环节，两个试点地区均采用了对特定人群进行补贴的模式；在"补出口"环节两地采取了不同的策略。上海市是在长期护理保险基金出现缺口时，财政承担"兜底"责任进行补贴；石河子市政府则每年给予长期护理保险50万元的财政补贴。

4.3　长期护理保险财政补贴存在的问题

目前，长期护理保险制度试点工作展开已有三四年之久，各试点地区结合自身实际情况，初步形成了各具特色的制度框架，并且取得了一定成效。2019年12月《国家医疗保障局对十三届全国人大二次会议第4991号建议的答复》显示："2018年，15个试点城市覆盖群体达到6360万人，共25.5万名参保人员享受了长期护理保险待遇，人均基金支付9200多元"。长期护理保险制度的全国试点工作取得了显著成绩，同时也暴露了一些问题。目前，在长期护理保险财政补贴方面存在的问题主要包括三个方面：财政补贴对居民劳动供给激励程度不高；财政补贴释放居民预防性储蓄作用微弱；财政补贴缺乏与经济发展水平相匹配的动态调整机制。

4.3.1 财政补贴优化劳动供给结构作用有限

与国外长期护理保险制度相比，我国长期护理保险基金构成中，财政补贴所占比例较低。韩国以工资的50%~60%为缴费基数，缴费率为0.39%，中央和地方政府给予保费20%的财政补贴；日本长期护理保险基金一半来自中央政府和地方政府的财政补贴；卢森堡政府按照长期护理总支出的20%给予财政补贴。我国部分试点城市在长期护理保险实施办法中规定政府对参保人给予一定额度或者比例的补贴，随着长期护理保险制度覆盖范围的逐步提高，得到财政补贴的受益人群越来越多，但是我国长期护理保险财政补贴力度仍有较大的提升空间。一方面，大多数实行定额补贴的试点城市，每人每年补贴标准为30~50元，这与庞大的长期护理保险基金支出需求相比，财政补贴有些微不足道。随着个人缴费和医保基金拨款的增加，定额财政补贴在长期护理保险基金收入中的占比越来越小。另一方面，在实行定比补贴的试点城市，虽然财政补贴比例较高，但是由于缴费基数较低或者只针对特殊群体实行财政补贴，政府实际支出的补贴金额并不高。政府财政补贴支出力度有限，实际保障水平较低，无法满足参保居民的长期护理保障需求，失能老人的大部分护理需求要依靠家庭成员提供的非正式护理来满足。为失能老人提供非正式护理是一件劳动密集型工作，大大降低了照料者的劳动参与机会和劳动供给时间。从试点地区的劳动力结构来看，由于长期护理保险财政补贴力度较低，对劳动供给结构优化的影响有限，财政补贴力度还有很大的提升空间。

4.3.2 财政补贴释放的居民预防性储蓄微弱

长期护理保险财政补贴释放居民预防性储蓄作用微弱的主要根源在于保障范围有限，以及保障水平不高。在补贴范围方面，大部分试点地区长期护理保险制度及财政补贴对象仅限职工参保群体，农村居民和城市非就业群体则无法享受到财政补贴福利，在年老失能时依然需要自付长期护理费用。在保障水平上：一方面，当前试点地区可支付的服务内容有限，例如，承德市仅对居家护理进行待遇给付，重庆市仅针对部分日常生活照料服务内容进行待遇给付，宁波市仅针对专业护理机构和养老机构进行待遇给付；另一方面，给付水平较低，例如，重庆市和宁波市每天报销金额分别为50元/人和40元/人，苏州市对入住机构的重度失能人员每天的给付标准仅为26元。值得一提的是，当前试点地区未明确长期护理保险与社会基本医疗保险的关系，长期护理保险在筹资模式上过度依赖社会基本医疗保险，在服务内容上也存在交叉，如青岛市、长春市、南通市和宁波市均对医疗机构护理服务给予一定比例的报销，可能形成系统化的医疗护理"道德风险"。总之，有限的可支付服务内容和待遇标准远远不能满足失能人员的长期护理需求，加之医疗费用和长期护理费用不断攀升的现实情况，居民的预防性储蓄动机依然强烈，财政补贴释放预防性储蓄、拉动消费的作用有限。

4.3.3 财政补贴缺乏与经济发展水平相匹配的动态调整机制

虽然《人力资源社会保障部办公厅关于开展长期护理保险制度试点的指导意见》提到了"建立与经济社会发展和保障水平相适应的动态筹资机制"的工作思路，为各试点地区建立长期护理保险动态筹资机制留出了操作空间和政策依据，但在文件中并没有进一步明确建立筹资动态调整的相关依据和参考标准。在筹资过程中，部分试点地区仅规定了当前的财政补贴标准，如青岛市提出在长期护理保险资金的筹集上建立动态调整机制，但是关于财政补贴如何进行动态调整并没有做出具体规定。从目前政策的执行情况来看，试点地区对长期护理保险参保缴费人与待遇领取人的财政补贴并没有随着其经济发展进行调整，究其原因是缺乏财政补贴动态调整机制。构建长期护理保险财政补贴动态调整机制，不能简单地从提高财政补贴绝对金额的角度来理解（当然有这个成分），关键是要为动态调整进行正确的目标定位。这个目标定位就是要考虑时间序列上整个社会经济发展进步的事实，也要考虑空间布局上各地经济发展水平的差异，在此基础上不追求绝对标准的公平，而是保持相对标准的公平。只有正确定位以后，才能建立可测量的相关指标，进而形成动态调整机制（王成鑫，2011）。目前实行财政补贴的试点城市没有回答财政补贴调整的依据是什么、如何确定调整时机以及具体调整幅度怎么确定三个关键问题。对上述3个问题的解答是进一步推进长期护理保险财政补贴创新的关键所在，对长期护理保险制度在全国范围的推广以及制度的长期稳定性产生深远影响。

4.4 本章小结

本章首先从人口老龄化、经济发展、政策环境和养老产业发展等角度分析了长期护理保险制度建立的经济社会背景，并从混沌初开阶段、萌芽阶段、初步发展阶段三个阶段梳理了长期护理保险制度的发展历程；然后分别从补贴对象、补贴方式和补贴环节三个方面对不同试点城市的财政补贴政策进行了比较分析；最后归纳了长期护理保险财政补贴存在的问题。因此，本章为下文长期护理保险财政补贴经济效应的微观实证分析及财政补贴动态调整机制构建提供了问题发掘的视角。

第 5 章

长期护理保险财政补贴的劳动供给效应

对长期护理保险实施财政补贴是政府为了推进长期护理保险制度实施所采取的一种财政干预措施，它将从两个方面对人们的劳动供给决策产生影响：一方面，财政补贴的引入通过改变参保人群的净收入，影响其劳动选择决策：参加工作或者不参加工作，多工作或者少工作（Cullen J B & Gruber J，2000；Gruber J & Cullen J B，1996）；另一方面，通过改变参保受益人群的待遇保障水平，影响其家庭成员非正式护理的供给时间，从而影响其家庭成员的工作时间决策（Page T F，2011；Gruber J，2000）。在本章中，我们首先从理论层面探讨长期护理保险财政补贴影响劳动供给的作用机制，接着，我们从实证角度来看这种影响究竟是否存在以及其影响力度大小。

5.1 长期护理保险财政补贴影响劳动供给的作用机制

由于身体机能下降导致的对照料护理需求急剧增加是人口老龄化和高龄化社会不可逆转的常态现象。据估计，一个失能老年人的平均预期照料时间约为 4~8 年，其中女性老年人所需照料时间显著长于男性老年人（男性 4~5 年，女性 7~8 年）（黄匡时，陆杰华，2014）。中国 65 岁及以上的老年人每周需要的照料时间平均约为 22 小时（曾毅，胡鞍钢，2017），临终前最后 1 个月平均需要他人完全照料的时间为 11 天，临终前最后 6 个月为 33 天，临终前最后 1 年为 47 天，而 65 岁及以上老年人卧床不起的天数约为 80 天（顾大男等，2007）。高龄老人临终前完全需要他人照料的平均时间为 92 天，其中健康老人临终前完全需要他人照料的平均时间为 76.6 天，而患病老人临终前完全需要他人照料的平均时间为 124.5 天（周云，封婷，2015）。通过当前研究数据可见，无论是从照料持续的时间，还是从平均照料强度来看，对失能老年人的日常生活照料都是一项时间密集型活动。

对老年人的照料分为正式照料（社会照料）和非正式照料（家庭照料）两种形式，并且二者之间存在替代关系（刘柏惠，寇恩惠，2015）。面对日渐严峻的老龄化形势，各国居民在老年照料问题上都在社会照料和家庭照料之间权衡，以便形成最优照料模式，以最小的社会成本为老年人提供优质的照料服务（杨团，2016）。实行长期护理保险制度能够推动社会照料发展，再辅之以财政补贴手段，影响照料者在劳动、照料家人和闲暇之间进行时间分配，调节劳动年龄人口的劳动供给行为，进而对社会经济发展产生影响。量化长期护理保险财政补贴对劳动供给的影响主要基于照料者在家庭照料和劳动参与上的权衡。

假设一个处于劳动年龄的照料者，在一定预算约束条件下分配用于工作（H_w）、闲暇（L）和照料家人（H^1）的时间，并实现自身效用最大化。照料者不仅从消费和闲暇中获得效用，也从照顾家人中获得效用满足感。本书将照料者 n 的时间禀赋标准化为 1，时间在工作、闲暇和照料家人之间进行分配，表示为：

$$H_w + L + H^1 = 1 \tag{5.1}$$

借鉴盖耶和科夫黑奇（Geyer & Korfhage，2015）的研究成果，本章构建了照料者劳动供给和照料安排的离散选择模型，允许照料者在不工作、兼职和全职三个工作类型与非正式照料和正式照料两个照料类型的六种不同的组合方案（j）之间进行选择。假定家庭中的照料者将全部时间分配到工作、闲暇和照料家人，则照料者的最优效用函数可以描述为：

$$\max U(C_{nj}, L_{nj}, H_{nj}^1) = U_1(C_{nj}) + U_2(L_{nj}) + U_3(H_{nj}^1) \quad (5.2)$$

式中，C_{nj}、L_{nj}和H_{nj}^1分别为照料者 n 选择方案 j 时的消费水平、闲暇时间和为家人提供的非正式照料时间。C_{nj}取决于照料者个体或者家庭特征 X_n、偏好 β_n、工资率 w_{nj}、选择方案 j 的劳动供给时间 H_{wj}、从市场上购买社会正式照料时间 H_{nj}^2、护理服务单位价格 θ 以及长期护理保险保障程度 $f(\tau)$。

为了简化起见，本书将除照料外的其他单位消费价格和社会照料的单位消费价格假定为 1，则式（5.2）中照料者 n 选择方案 j 时的预算约束可以表示为：

$$C_{nj} = f(w_{nj}H_{wj} - H_{nj}^2[1 - f(\tau)] \mid X_n, \beta_n) \quad (5.3)$$

$$w_{nj}H_{wj} - H_{nj}^2[1 - f(\tau)] \geq 0 \quad (5.4)$$

$$H_{wj} = 1 - L_{nj} + H_{nj}^1 \geq 0 \quad (5.5)$$

$$H_{nj}^2 = H - H_{nj}^1 \geq 0 \quad (5.6)$$

$$0 \leq f(\tau) \leq 1 \quad (5.7)$$

式中：H 表示失能者需要的全部照料时间；$f(\tau)$ 表示长期护理保险的保障程度，即报销比例，它是一个关于财政补贴 τ 的增函数。

假设照料者的消费效用、闲暇效用和照料家人效用均为凸函数，则上述函数一阶导数均大于零，二阶导数均小于零。探讨照料者效用最大化的拉格朗日函数可以表示为：

$$L = U_1(C_{nj}) + U_2(L_{nj}) + U_3(H_{nj}^1) + \lambda_1 [w_{nj} H_{wj} - H_{nj}^2 f(\tau)] + \lambda_2 H_{wj} \tag{5.8}$$

对 C_{nj}、L_{nj}、H_{nj}^1 和 H_{nj}^2 求一阶导数,根据库恩—塔克条件得到:

$$\lambda_1 [w_{nj} H_{wj} - H_{nj}^2 - H_{nj}^2 f(\tau)] = 0 \tag{5.9}$$

$$\lambda_2 H_{wj} = 0 \tag{5.10}$$

在特定的约束条件下,理性人会通过最优选择来实现自身效用最大化。此时,照料者面临的选择有工作、闲暇以及为失能老人提供家庭照料,而这三种选择又决定着自身效用最大化的实现方式。因此,假定照料者在各种可能的选择中,遵循理性人最优化选择原则。

为了验证财政补贴对照料时间分配的影响,本书参照奉蓓(2015)的处理方式,将照料者的时间分配模型转化为特定模型,在暂不考虑闲暇效用的影响的情况下,探讨财政补贴对照料者劳动供给的影响。

照料者最大化效用函数可以表示为:

$$\max U = \ln[w_{nj} H_{wj} - H_{nj}^2 + H_{nj}^2 f(\tau)] + \theta \ln[w_{nj} H_{nj}^1 + H_{nj}^2 - H_{nj}^2 f(\tau)] \tag{5.11}$$

式中,$\ln[w_{nj} H_{wj} - H_{nj}^2 + H_{nj}^2 f(\tau)]$ 为照料者的消费效用,$\ln[w_{nj} H_{nj}^1 + H_{nj}^2 - H_{nj}^2 f(\tau)]$ 为照料者的照料效用。对照料者的工作时间 H_{wj} 求导并整理得到如下结果:

$$H_{wj} = -f(\tau) \frac{\theta H_{nj}^2}{(1+\theta) w_{nj}} + \frac{H_{nj}^2}{w_{nj}} + \frac{1 - L_{nj}}{1 + \theta} \tag{5.12}$$

由此得到照料者工作时间 H_{wj} 关于财政补贴 τ、闲暇 L、工资 w_{nj} 和家庭照料 H_{2j} 的函数,$f(\tau)$ 是关于财政补贴 τ 的增函数,即财政补贴力度越大,保障水平越高,照料者提供的家庭照料时间越少,劳动供给越充足。

5.2 数据来源与变量分析

5.2.1 数据来源

本研究所用数据来自中国健康与养老追踪调查（China Health and Retirement Longitudinal Survey，CHARLS）2013 年、2015 年和 2018 年的数据，它涵盖了我国 45 岁及以上中老年人的高质量微观数据，包括：个人基本信息，家庭结构和经济支持，健康状况，体格测量，医疗服务利用和医疗保险，工作、退休和养老金、收入、消费、资产以及社区基本情况等信息。它们涵盖的变量众多，能够满足长期护理保险财政补贴对劳动供给影响研究的需要。首先，CHARLS 记录了 45 岁及以上中老年人家庭中子女与其父母的照料关系。该项调查询问了其父母公婆是否健在、居住在何处，如果父母公婆年龄在 50 岁以上，则询问是否需要人照顾、上周是否照顾过父母以及照顾时间。其次，CHARLS 以各年龄段成年人为调查对象，记录了研究劳动力供给所需的个人和家庭详细信息，从而避免了使用老年人口调查数据研究子女就业问题可能导致的样本选择偏误。最后，CHARLS 是跟踪调查，我们可以直接使用面板数据分析方法修正内生解释变量偏误。

为失能父母提供非正式家庭照料可以从外延和内涵两个方面在边际上影响照料者的劳动供给，其中外延边际上的影响是指照料者是否工作，内涵边际上的影响是指工作的照料者是否调整其工作时间，如从全职转为兼职。本书的研究目的是观察长期护理保险财政补贴对成年子女劳动供给的影响，由于目前我国长期护理保险尚未独立建制，根据其依托医疗保险建立的制度特征以及研究目的，本书对样本数据按照下列原则进行筛选：参加职工基本医疗保险或者居民基本医疗保险；父母至少有一人健在；常住地址为试点地区；非自雇人员。由此得到一个包括

427个样本的数据库。

5.2.2 变量选择

1. 被解释变量

使用离散选择模型分析子女的劳动供给问题时,需要事先确定好照料者工作时间的选择集合。根据已有文献,一般使用周工作小时数来界定工作时间选择集。借鉴盖耶(Geyer et al., 2017)对长期护理保险制度间接财政效应的研究思路,本书中将照料者的工作供给选择集确定为3种:全职、兼职、不工作。其中,当照料者的周工作时长大于等于40小时,定义为全职工作($H_w \geq 40$);当照料者的周工作时长为20~40小时($20 \leq H_w < 40$),定义为兼职;当照料者的周工作时长小于20小时($0 \leq H_w < 20$),定义为不工作。

2. 解释变量

本书主要考察长期护理保险财政补贴对照料者劳动供给的影响。因此,选取长期护理保险财政补贴作为解释变量。目前试点城市的财政补贴主要采取定额补贴和定比补贴两种方式,为了保持一致,根据定比补贴的基数和比例将定比补贴换算为财政补贴额。

3. 控制变量

本书涉及的照料者个人特征和家庭特征分别包括:照料者的"年龄""性别""受教育程度""婚姻状态""兄弟姐妹数""健康水平"和被照料者的"年龄""收入水平""居住安排""是否参保""照料需求""照料类型"。将照料者年龄划分为:45~49岁、50~54岁、55~59岁和60岁及以上四种类型;将女性照料者定义为1,男性照料者定义为0;对教育的度量使用定性变量,将受教育程度划分为3个类别:初中及以下定义为0、高中或中专定义为1、大学及以上定义为2;婚姻状态共有四种类型:未婚、已婚、离婚和丧偶,本书将已婚定义为1,其他三种类型定义为0;将照料者的兄弟姐妹数划分为0~2个、3~4

个和5~6个三个类型；将照料者健康水平由好到坏依次划分为：很好=1、较好=2、一般=3、较差=4和很差=5五个类别。将被照料者的年龄划分为65~69岁、70~74岁、75~79岁和80岁及以上四个类型；被照料者收入水平划分为四种：将2000元及以下定义为1，2000~4000元定义为2，4000~6000元定义为3，6000元及以上定义为4；居住安排划分为：与子女同住=1，不与子女同住=0；是否参保为二值变量：参保=1，未参保=0；将被照料者的照料需求划分为四个等级：不需要照料（是=1；否=2）、一级照料（是=1；否=2）、二级照料（是=1；否=2）、三级照料（是=1；否=2）；照料类型划分为：家庭照料（是=1；否=2）和社会照料两种（是=1；否=2）。

5.2.3 样本描述性统计

表5.1报告了主要变量全部样本的描述性统计。

表5.1 调查样本描述性统计

照料者			被照料者		
变量	均值	标准差	变量	均值	标准差
全职	0.532	0.401	被照料者年龄（岁）	75.253	8.153
兼职	0.275	0.399	被照料者收入水平	1.872	0.505
不工作	0.193	0.289	居住安排	0.331	0.194
周工作小时数	45.664	25.536	被照料者是否参保	0.102	0.213
财政补贴（元）	35.69	21.36	不需要照料	0.191	1.501
照料者年龄（岁）	50.915	13.201	一级照料	0.313	1.504
照料者性别	0.583	0.403	二级照料	0.295	1.481
照料者受教育程度	0.701	1.021	三级照料	0.201	1.415
照料者婚姻状况	1.011	0.495	家庭照料	0.511	1.654
照料者兄弟姐妹数	2.457	0.392	社会照料	0.298	1.278
照料者健康水平	2.155	10.235			

资料来源：笔者整理。

总体来看，全部样本中照料者的劳动参与率为80.7%（全职53.2%，兼职 27.5%），平均周工作小时数为 45.664 小时；人均财政补贴为 35.688 元；照料者中男性占 41.7%，女性占 58.3%；年龄主要分布在 45~54 岁范围内，平均年龄为 50.915 岁；从照料者的受教育水平来看，受教育程度普遍较低，以高中或中专居多，平均受教育程度为 0.701；婚姻状况均值为 1.011，照料者以已婚者居多；照料者兄弟姐妹数均值为 2.457 个；照料者健康水平均值为 2.155，整体较好。被照料者平均年龄为 75.253 岁；平均收入水平为 1.872，整体收入水平不高，这与老年人退出劳动力市场后收入水平降低是一致的；大部分老年人不与子女同住，与我国老龄化社会下"空巢"现象越来越严重的社会现实相符合；由于我国长期护理保险制度建设比较晚，大部分被照料者未参加长期护理保险。大部分父母步入晚年以后需要不同程度的生活照料，其中以需要一级照料者居多，占比 31.3%；在所有需要照料的老年人里，大部分采用了家庭照料方式。

在表 5.2 中，我们列出了照料者在不同劳动供给和照料安排组合中所占的份额。从平均水平来看，大多数家庭倾向于选择家庭照料（51.10%），并且以选择全职工作的居多（42.77%）。随着照料水平的提高，照料者选择不工作的比例增加，兼职和全职的比例减少。在一级照料水平中，就业的频率更高（80.59%）。从六种组合类型的性别平均分布情况看，男性照料者更倾向于全职工作（76.51%），而女性照料者主要倾向于不工作（38.77%）和兼职工作（45.70%）。

表 5.2 劳动供给和照料安排选择结果　　　　　　　单位：%

组合类型	不同照料水平占比				照料者性别占比	
	均值	一级照料	二级照料	三级照料	女性	男性
不工作＋家庭照料	25.35	12.88	19.61	25.43	28.23	10.27
不工作＋社会照料	8.31	6.53	7.65	11.81	10.54	4.75
兼职＋家庭照料	15.67	22.25	21.92	16.92	34.62	5.58
兼职＋社会照料	17.90	6.88	8.83	8.41	11.08	2.89
全职＋家庭照料	10.08	33.44	31.94	27.85	9.21	57.44
全职＋社会照料	32.69	18.02	10.05	9.58	6.32	19.07

资料来源：笔者整理。

5.3 模型与计量方法

在现有研究劳动供给问题的文献中，通常用劳动参与率和劳动供给时间来反映被解释变量的变动问题，本书同时考察财政补贴对劳动参与率和劳动供给时间的影响。

鉴于调查数据中劳动参与决定主要包括全职、兼职和不工作三个类型，是取值有限的离散变量，为了利用原始数据的完整性，本书借鉴韩本三（2012）和项乐（2014）的研究方法，构建财政补贴与劳动参与率的 Probit 离散选择面板数据模型进行实证研究，模型设定如下：

$$\Pr(LP_i = j) = \phi(x_i^* \beta - \eta_i)^j [1 - \phi(x_i^* \beta - \eta_i)]^{1-j} \quad (5.13)$$

$$x_i^* \beta = \beta_0 + \beta_1 sub_i + \beta_2 X_i \quad (5.14)$$

式中：LP_i 表示劳动参与决定，劳动参与决定 j 包括全职 $j=1$、兼职 $j=2$、不工作 $j=3$ 三种类型；x_i^* 为 $k \times 1$ 的解释变量；β 为 $k \times 1$ 的参数向量；sub_i 为核心解释变量，表示参保人 i 获得的财政补贴；X_i 表示参保人 i 的个人及家庭特征，为一组控制变量；$\phi(\cdot)$ 表示标准正态分布的分布函数；η_i 表示不可观测个体异质性特征的个体效应，其满足条件 $(\eta_i | sub_i \sim N(0, \sigma_\eta^2))^3$。

本书借鉴刘凌晨和曾益（2016）的研究方法，选择用 Tobit 模型和工具变量 Ivtobit 模型来估计财政补贴对劳动供给时间 LS_i 的影响，构建财政补贴与劳动供给时间的面板数据模型如下：

$$LS_i = \alpha_0 + \alpha_1 sub_i + \alpha_2 X_i + \varepsilon_i \quad (5.15)$$

常用的面板模型主要有混合效应模型、固定效应模型和随机效应模型。在面板数据模型形式的选择上，采用 F 检验确定选用混合效应模型还是固定效用模型，然后再用 Hausman 检验确定应该是建立固定效用模型还是随机效用模型。Hausman 检验的准确性是面板数据分析中的一个重要问题，Hausman 检验统计量的一般形式为：

$$H = (\hat{\beta}^{\mathrm{I}} - \hat{\beta}^{\mathrm{II}})[Var(\hat{\beta}^{\mathrm{I}}) - Var(\hat{\beta}^{\mathrm{II}})^{-1}](\hat{\beta}^{\mathrm{I}} - \hat{\beta}^{\mathrm{II}}) \quad (5.16)$$

通常采用普通最小二乘法（OLS）或者两阶段最小二乘法（2SLS）进行 Hausman 检验。在面板数据中，模型的选择必须基于个体特征成分的信息和自变量的外生性。为了选择正确的模型，可以通过 Hausman 检验识别解释变量中是否存在内生性来检验固定效应模型或随机效应模型是否恰当。当模型选择恰当时，随机效应模型能够给出最佳线性无偏估计。然而，当随机效应模型的误差项与自变量之间存在相关性时，普通最小二乘估计是有偏估计量，不再具有最小方差的性质。因此固定效应模型将优于随机效应模型。个体异质性因素可能与随机效应模型中的自变量相关，如果存在遗漏变量，则固定效应模型对此是稳健并且低效的。Hausman 检验的基本步骤如下：

第一步：定义零假设和替代假设。零假设表示随机效应模型是恰当的，将零假设定义为面板数据模型中误差项与自变量之间不存在相关性，即 $H_0: \mathrm{cov}(\alpha_i, x_{it}) = 0$；替代假设表示固定效应模型是恰当的，将替代假设定义为面板数据模型中误差项与自变量之间存在具有统计学意义上的相关性，即 $H_1: \mathrm{cov}(\alpha_i, x_{it}) \neq 0$。

第二步：选择第一类错误的概率。

第三步：通过 $H = (\hat{\beta}^{RE} - \hat{\beta}^{FE})'[Var(\hat{\beta}^{RE}) - Var(\hat{\beta}^{FE})^{-1}](\hat{\beta}^{RE} - \hat{\beta}^{FE})$ 计算 Hausman 统计值，其中 $\hat{\beta}^{RE}$ 和 $\hat{\beta}^{FE}$ 分别表示随机效应模型和固定效应模型的系数估计向量。该统计量在零假设下符合 $\chi^2(k)$ 分布，其自由度 (k) 等于自变量个数。

第四步：将上述计算的自由度为 k，分布为 $\chi^2(k)$ 的统计量与临界值进行比较。如果 Hausman 统计量大于其临界值，则否定零假设。

本章用最大似然法联合估计方程式（5.13）和式（5.15），使用 Stata14.0 软件进行上述计量分析。

5.4 实证结果分析

5.4.1 财政补贴对劳动参与率的影响

劳动参与率模型可以估计长期护理保险财政补贴、个人特征、家庭特征等因素对家庭照料者劳动参与率的影响。控制变量的估计结果与一般的理论框架和大多数社会保障领域财政补贴问题的经验研究基本吻合，本书主要关注财政补贴变量。长期护理保险财政补贴变量在1%的显著性水平上通过检验，估计系数均为正数，说明在控制了照料者个人特征及家庭特征情况下，政府的财政补贴对照料者的劳动参与率产生正向影响（见表5.3）。从Probit离散选择面板数据模型估计的边际效应来看，财政补贴提高1个单位使照料者的劳动参与率提高0.053个单位。财政补贴对照料者劳动参与率的影响在不同性别间存在很大差异，正如预期的那样，对女性照料者劳动参与率影响更为强烈一些，财政补贴提高1个单位，女性照料者的劳动参与率提高0.072个单位，而男性照料者的劳动参与率仅提高0.049个单位。无论男性还是女性，年龄越大劳动参与概率越低，并且越临近退休下降程度越大。随着受教育程度的增加，男性和女性的劳动参与率均会增加。照料者健康状况越好，则劳动参与率越高。从被照料者需要的护理等级来看，无论男性照料者还是女性照料者，财政补贴均使其劳动参与率下降，并且护理等级越高，劳动参与率均下降幅度越明显。而经C-D函数估计，劳动投入增加1%，经济增长增加0.422%。

表 5.3　　　长期护理保险财政补贴对劳动参与率的影响

变量	全样本	女性照料者	男性照料者
财政补贴	0.053 *** (5.421)	0.072 *** (2.321)	0.049 *** (3.402)
45～49 岁	-0.049 *** (1.037)	-0.059 *** (3.005)	-0.043 *** (2.008)
50～54 岁	-0.092 *** (5.052)	-0.095 ** (5.064)	-0.083 *** (4.092)
55～59 岁	-0.113 *** (3.055)	-0.122 *** (2.087)	-0.104 ** (3.065)
60 岁及以上	-0.213 *** (2.064)	-0.159 *** (2.088)	-0.125 ** (1.045)
照料者受教育程度	0.105 ** (5.004)	0.107 ** (5.008)	0.105 ** (4.012)
照料者婚姻状态	0.056 (5.254)	0.052 (3.301)	0.071 (4.299)
照料者兄弟姐妹数	0.052 * (1.689)	0.055 (1.364)	0.044 * (1.405)
照料者健康水平	0.209 *** (2.241)	0.107 *** (2.265)	0.406 *** (2.168)
一级照料	-0.045 *** (6.501)	-0.051 *** (5.306)	-0.038 *** (5.610)
二级照料	-0.033 *** (2.402)	-0.048 *** (1.502)	-0.029 *** (1.405)
三级照料	-0.065 *** (2.132)	-0.074 *** (3.254)	-0.058 *** (2.308)
R^2	0.751	0.786	0.652

注：*** 、** 、* 分别代表1%、5%和10%水平下显著；括号内的数值是相应检验的 T 值。

5.4.2　财政补贴对劳动供给时间的影响

F 检验和 Hausman 检验的结果都表明随机效应模型的估计相对较

好，表5.4报告了财政补贴对劳动供给时间的实证结果。长期护理保险财政补贴变量在1%显著性水平上通过检验，从随机效应模型估计结果来看，财政补贴对照料者的劳动供给时间具有促进作用。从全样本的整体估计来看，财政补贴每提高1个单位，照料者的劳动供给时间提高0.065个单位。财政补贴对照料者劳动供给时间的影响在不同性别间存在很大差异，与对劳动参与率的影响一致，对女性照料者劳动供给时间影响更为强烈一些，财政补贴每提高1个单位，女性照料者的劳动参与率提高0.076个单位，而男性照料者的劳动供给时间仅提高0.047个单位。无论男性还是女性，年龄越大，劳动小时数越少，并且越临近退休下降程度越大。随着受教育程度的增加，男性和女性的劳动供给时间均会增加。照料者健康状况越好，则劳动供给时间越多。从被照料者需要的护理等级来看，无论男性照料者还是女性照料者，其劳动供给时间均下降，并且随着护理等级的提高，劳动供给时间均明显下降。

表5.4 长期护理保险财政补贴对劳动供给时间的影响

变量	全样本	女性照料者	男性照料者
财政补贴	0.065 *** (5.023)	0.076 *** (5.017)	0.047 *** (4.073)
45~49岁	-0.095 *** (3.001)	-0.054 *** (3.002)	-0.039 *** (2.005)
50~54岁	-0.101 *** (3.013)	-0.102 *** (4.020)	-0.091 *** (3.012)
55~59岁	-0.411 *** (2.098)	-0.465 *** (3.069)	-0.365 *** (1.099)
60岁及以上	-0.551 *** (4.013)	-0.654 *** (5.020)	-0.474 *** (3.012)
照料者受教育程度	0.255 ** (8.004)	0.314 (6.003)	0.252 ** (6.008)
照料者婚姻状态	0.012 (4.051)	0.009 (4.049)	0.008 (4.412)
照料者兄弟姐妹数	0.059 *** (1.009)	0.051 *** (1.008)	0.055 *** (1.284)

续表

变量	全样本	女性照料者	男性照料者
照料者健康水平	1.305*** (8.054)	1.515*** (8.048)	2.022** (8.301)
一级照料	-0.028*** (7.032)	-0.031*** (6.029)	-0.025*** (8.073)
二级照料	-0.037*** (8.041)	-0.042*** (7.041)	-0.035*** (9.215)
三级照料	-0.046*** (6.014)	-0.055*** (7.011)	-0.041*** (5.005)
R^2	0.877	0.950	0.772

注：***和**分别代表1%和5%水平下显著；括号内的数值是相应检验的T值。

5.4.3 稳健性检验

由于劳动供给与照料者健康水平之间有较强的相关关系，一种担心是照料者健康水平可能反映了对家庭照料者劳动供给的非线性影响，而并不是财政补贴的影响。为此本书在解释变量中加入照料者健康水平的二次方和三次方以消除照料者健康水平的非线性影响。从表5.5得到的结果来看，财政补贴这一核心变量系数方向和显著性均未发生显著变化，进一步验证了表5.3和表5.4的估计结果较稳定。

表5.5　　　　　　　　稳健性检验结果

变量	劳动参与率			劳动供给时间		
	全样本	女性照料者	男性照料者	全样本	女性照料者	男性照料者
财政补贴	0.052*** (4.312)	0.073*** (1.931)	0.047*** (2.029)	0.063*** (5.023)	0.078*** (5.017)	0.045*** (5.311)
照料者健康水平	0.205*** (2.023)	0.112*** (3.475)	0.396*** (2.105)	1.251*** (10.001)	1.499*** (8.033)	1.922** (7.922)

续表

变量	劳动参与率			劳动供给时间		
	全样本	女性照料者	男性照料者	全样本	女性照料者	男性照料者
照料者健康水平的平方/100	-0.199*** (1.172)	-0.107** (1.034)	-0.127*** (2.001)	-1.055** (9.221)	-1.037** (7.998)	-0.987*** (6.544)
照料者健康水平的三次方/1000	0.622 (0.866)	1.233 (1.533)	-0.766 (0.999)	-0.567 (4.355)	1.388 (5.366)	-0.727 (7.077)
其他变量	控制	控制	控制	控制	控制	控制

注：***和**分别代表1%和5%水平下显著；括号内的数值是相应检验的T值。

5.4.4 结论及政策启示

本书在长期护理保险财政补贴影响劳动供给作用机制理论分析的基础上，利用2013年、2015年和2018年中国健康与养老追踪调查数据实证研究了长期护理保险财政补贴的劳动供给效应。研究结果表明，长期护理保险财政补贴显著影响家庭照料者的劳动供给决策，总体上倾向于增加家庭照料者的劳动参与水平，对长期护理保险实施的财政补贴提高1个单位，劳动参与率将提高0.053个单位，尤其对女性和提供较高级别照料水平的照料者的劳动参与率影响更为显著，而经C-D函数估计，劳动投入增加1%，经济增长将增加0.422%；长期护理保险财政补贴对照料者的劳动供给时间也呈现出了较强效应，财政补贴提高1个单位，劳动参与率将提高0.065个单位，倾向于激励家庭照料者增加劳动供给时间，并且也表现出了对女性和提供较高级别照料水平的照料者的劳动供给时间影响更为强烈的特征。

长期护理保险制度在我国处于试点探索阶段，目前主要关注于制度设计和系统内部运行，对其财政补贴的相关研究较少，尤其欠缺财政补贴通过影响家庭劳动供给和照料安排的传导机制对劳动力市场产生的深刻影响。长期护理保险财政补贴政策设计的科学性关乎老龄化形势下制度的可持续发展和经济社会的稳定运行，基于本章研究结论，得到如下政策启示：

（1）长期护理保险财政补贴对家庭照料者劳动供给和照料安排选择产生影响。对长期护理保险进行财政补贴将对成年子女的劳动参与率和劳动时间产生正向影响，且对女性照料者的影响更为显著，这对于长期护理保险财政补贴制度的设计和动态补贴机制的建立具有重要的政策寓意。各地区可以根据长期护理保险实施的政策目标，有针对性地进行财政补贴标准规划。在增加劳动供应以减少人口老龄化负面影响的政策目标导向下，可以适度增加财政补贴力度，鼓励家庭更多地选择接受正式照料，让照料者能有更多机会参与市场劳动，以弥补人口老龄化对劳动供给的负面影响。

（2）长期护理保险财政补贴的劳动供给效应大小因护理强度不同而有所差异。随着护理等级的提高，被照料者生活中需要依赖他人的程度提高，那么照料者每天要花费大量时间照料家人，从而劳动参与程度和劳动时间均会大幅缩减。各地区在待遇享受的标准和待遇水平上，要充分考虑护理等级因素，针对不同护理等级制定差异化的护理服务内容和报销比例，让最需要护理的失能人群得到充分的护理保障。同时，也要联合考虑人口老龄化和医疗费用上涨等因素，适当地降低待遇享受标准，并提高待遇水平，让更多的参保人能够享受到长期护理保险待遇，增加家庭照料者的劳动供给水平。

5.5 本章小结

长期护理保险是解决人口老龄化形势下老年人日常生活照料问题的一项制度安排。对长期护理保险实施财政补贴直接关系到参保人的福利变化，影响其个人及家庭的劳动供给，并通过传导机制最终影响社会经济增长。对于长期护理保险财政补贴劳动供给效应的研究具有较大的现实意义，基于这种认识，本章首先对长期护理保险财政补贴劳动供给效应的作用机制进行了理论分析，然后利用2013年、2015年和2018年中国健康与养老追踪调查数据，采用面板数据模型实证分析了长期护理保险财政补贴的劳动供给效应。研究结果表明，财政补贴对成年子女的劳动参与率和劳动供给时间均产生正向影响，因此，通过财政补贴方式引导长期护理保险从制度试点到全面展开是一项有效的财政干预政策，但由于财政补贴对于不同个人及家庭具有差异化的影响，故关于长期护理保险财政补贴标准及其动态调整机制的设计对于制度运行具有重要意义。

第 6 章

长期护理保险财政补贴的储蓄效应

随着人口老龄化的发展，人们面临的医疗风险和失能护理风险也随之增大，因此，人们对未来收入降低和支出增加的预期也会随之增加，并会通过预防性储蓄平滑生命周期内的消费资源。不确定性的存在使得居民的消费路径并不是平滑的，在不确定情况下预期未来消费的边际效用要大于确定情况下的消费边际效用，未来不确定性越大，预期未来消费的边际效用越大，居民的储蓄动机就越强（顾磊，2006）。储蓄与消费同属事物的两个方面，存在相伴相生的关系，由于消费是拉动经济增长、实现经济结构转型的最重要牵引力（刘盾，2020），过高的储蓄必然会导致过低的消费，过低的消费需求不利于推动经济的增长[①]。对长期护理保险进行财政补贴，可以使参保人在不增加保费支出的基础上提高保障水平，年老失能后预期的长期护理花费支出风险降低，可以预期长期护理保险财政补贴能够降低居民储蓄倾向，从而刺激消费，拉动经济增长。本章将在长期护理保险财政补贴影响储蓄的作用机制理论分析基础上，通过实证分析估计财政补贴所产生的储蓄效应大小。

---

① Thirlwall A P. Money in a developing economy [M]. Inflation, Saving and Growth in Developing Economies. Palgrave, London, 1974.

6.1 长期护理保险财政补贴影响储蓄的作用机制

影响居民储蓄的外部因素很多,包括经济增长、人口结构、收入水平、通货膨胀、利率和预防性储蓄等。长期护理保险作为老年社会保障领域的重要成员,其保障水平对一个国家或者地区的储蓄和经济增长具有重要影响。长期护理保险制度是应老龄化社会发展要求产生的一项社会经济制度,与经济发展具有互动关系。对长期护理保险实行财政补贴,是政府为了提高长期护理保险保障水平目标的一种转移性支出,意味着参保人实际收入的增加或者未来老年护理个人支出的减少,通过影响参保人收入水平和预防性储蓄两个途径对家庭储蓄产生影响。因此,对长期护理保险进行财政补贴,要充分考虑到对储蓄所产生的影响。

6.1.1 财政补贴通过减少参保人支出对储蓄产生正向影响

长期护理保险财政补贴隶属于转移性支出,是财政支出的重要组成部分,体现了政府的非市场型再分配功能的发挥。近年来,中国在社会保险、社会救助等领域不断加大转移性支出力度,以此扩大社会保障制度的覆盖面和提高保障水平,不断健全社会保障体系(郭庆旺等,2016)。政府在社会保障领域的大规模转移性支出产生了较强的收入再分配效应,大大增加了不同收入阶层居民的收入水平。

收入作为储蓄资金的来源基础,对居民储蓄起决定作用,无论是凯恩斯(Keynes)的绝对收入假说,还是弗里德曼(Friedman)的持久收入假说,都是研究收入对储蓄的影响。以凯恩斯的绝对收入假说为例,居民的消费和储蓄行为完全取决于当期收入,且储蓄是收入的增函数,即随着收入的增加,居民会进行更多的储蓄,这样储蓄函数可以近似线性形式:$S = s_0 + sY$,因此,$S/Y = s + s_0/Y(s_0 < 0)$,这样储蓄率就是关于 $1/Y$ 的线

性函数（陈慧，2015）。王浩豫、王浩宇和朱家明（2015）选取 2002~2012 年江苏省城乡居民人均可支配收入和人均储蓄数据，分析了二者的函数关系，发现收入每增加 1 元，农村居民的储蓄增加 0.20 元，城镇居民的储蓄增加 0.41 元。莫迪利亚尼和曹（Modigliani & Cao，2004）基于生命周期和持久收入理论，研究了中国改革开放引入市场经济体制以后的储蓄问题，认为中国居民收入水平的快速增长推动了城镇居民储蓄水平的持续增加。因此，财政补贴通过影响参保人的收入水平，对居民储蓄产生正向影响。

6.1.2 财政补贴通过降低参保人预防性储蓄动机对居民储蓄产生负影响

预防性储蓄理论诞生于西方国家，最早可追溯到费希尔（Fisher）和弗里德曼的研究，他们认为预防性储蓄出现的根本原因是人们为了应对未来收入的不确定性而增加的一部分储蓄。西方国家养老、医疗等社会保障制度健全，居民的消费支出预期相对稳定，即居民的消费支出存在较小的不确定性。相比而言，我国正处于经济体制转型过程中，不断深化的社会福利制度改革，如教育、养老和医疗等各个方面的改革促使城镇居民对未来的支出预期产生了许多不确定性（尚昀，2016），我国居民预防性储蓄产生的目的更多的是为了预防家庭成员未来可能出现的重疾、伤残、死亡等造成的医疗支出。风险厌恶的居民将选择增加储蓄，特别是在社会保障不足的情况下，居民会倾向于将更多的收入用于这类预防性储蓄（李心愉，吴逸，张越昕，2012）。《第四次中国城乡老年人生活状况抽样调查》结果显示：截至 2015 年底，中国 60 岁及以上老年人口占人口总数的 16.1%，超过 2.22 亿人，失能、半失能老年人高达 4063 万人，占老年人口总数的 18.3%[①]。浙江大学米红教授和

[①] 民政部：三部门发布第四次中国城乡老年人生活状况抽样调查成果 [EB/OL]. http://jnjd.mca.gov.cn/article/zyjd/xxck/201610/20161000886652.shtml.

Cepar-UNSW 研究团队①的研究结果显示:"60 岁及以上失能老年人的平均余命月数为 53 个月,平均护理成本为每年 64934 元。"根据一项调查显示 90% 的受访者认为在没有长期护理保障的情况下,自身没有足够的财力来支付未来的护理开销,他们试图通过储蓄并保持健康来缩小未来护理需求的资金缺口②。

支出不确定性应该和收入不确定性一样,作为居民进行预防性储蓄的重要原因被纳入预防性储蓄的分析框架中(尚昀,2016)。基于预防性储蓄理论,财政补贴的实施提高了长期护理保险的保障能力,减少了居民未来医疗护理费用支出预期,降低居民的预防性储蓄动机,从而对居民的消费和储蓄决策产生影响。储蓄不仅是为了在整个生命周期内平滑消费以使消费效用最大化,同时也是为了防范未来风险所带来的影响(刘中海,2018)。布兰查德根据绝对风险系数阐述不确定性情况对消费者的影响效应:假设参保人的效用函数是时间可加的,其在生命周期内以实现自身效用最大化为储蓄—消费的决策目标,那么,参保人的最优化问题可以表示为:

$$\max E_t \left[\sum_{t=0}^{T-1} \left(-\frac{1}{\gamma} \right) \exp(-\gamma C_t) \right] \quad (6.1)$$

约束条件为:

$$A_{t+1} = A_t + Y_t - C_t \quad (6.2)$$

$$Y_t = Y_{t-1} + e_t \quad (6.3)$$

式中,E_t 为数学期望算子,表示居民根据第 t 期的信息做出的预期,T 表示居民的生命周期长度,γ 表示居民的风险厌恶系数,C_t 表示居民在第 t 期的消费,A_t 表示居民在第 t 期的财富水平,Y_t 表示居民在第 t 期

---

① 郑秉文. 中国养老金发展报告 2017——长期护理保险试点探索与制度选择 [M]. 北京:经济管理出版社,2017.

② Ameriks J, Briggs J, Caplin A, et al. Long-term-care utility and late-in-life saving [J]. Journal of Political Economy,2020,128(6):2375–2451.

的收入水平，其与前一期的收入大小和当期的收入变动情况 e_t 密切相关，$e_t \sim N(0,\sigma^2)$。在利率和贴现率为 0 的情况下，最优消费函数为：

$$C_{t+1} = C_t + \frac{\gamma\sigma^2}{2} + e_t \tag{6.4}$$

$$C_t = \left(\frac{1}{T-1}\right)A_t + Y_t - \frac{\gamma(T-t-1)\sigma^2}{4} \tag{6.5}$$

由式（6.1）~式（6.5）可知，居民消费的决策取决于其财富水平、收入水平以及未来医疗护理支出的不确定性。当风险厌恶系数 $\gamma = 0$ 时，对未来收支情况确定，此时的消费决策完全取决于居民的财富水平和收入水平；当风险厌恶系数 $\gamma \neq 0$ 时，居民对未来医疗护理支出不确定的情况下，会降低消费水平，增加预防性储蓄以应对年老失能后的医疗护理支出。不确定性越高，居民消费水平就会越低，居民的预防性储蓄会越高。

长期护理保险制度的实施，通过对未来医疗护理支出提供保障，降低人们对未来医疗护理支出的不确定性，释放预防性储蓄，促进消费支出增加。财政补贴能够在不增加投保人保费支出水平的情况下提高保障水平，保障水平越高，人们对未来医疗护理支出的不确定性越低，释放的预防性储蓄越多（Wu S et al.，2017）。

6.2 数据来源与变量分析

6.2.1 数据来源

中国健康与养老追踪调查（China Health and Retirement Longitudinal Survey，CHARLS）涵盖了我国 45 岁及以上中老年人家庭和个人的高质量微观数据，为分析中国人口老龄化问题提供了强大的数据支撑。本书基于 2013 年、2015 年和 2018 年的数据，根据下列原则进行筛选：参加职工基本医疗保险或者居民基本医疗保险；研究样本年龄为 45~65 岁；父母至少有一人健在；常住地址为试点地区；非自雇人员。由此得到了一个包括 427 个样本的数据库。

6.2.2 变量选择

1. 被解释变量

本章选取家庭储蓄增长率和家庭边际储蓄倾向两个指标作为被解释变量（见表 6.1）。其中，家庭储蓄增长率为家庭储蓄增长额与上一年度家庭储蓄的比重；家庭边际储蓄倾向为增加的家庭储蓄与增加的收入之比，即增加单位收入中用于储蓄部分的比重。本章将家庭储蓄率定义为：家庭总收入减去家庭总支出，再除以家庭总收入。其中，家庭总收入包括财产性收入、工资性收入、转移性收入和经营性收入；家庭总支出包括食品支出、耐用品支出、衣着鞋帽支出、文教娱乐支出、交通通信支出、居住支出、医疗支出、转移性支出、福利性支出、建房住房贷款支出等。

表 6.1 变量及其表示符号

变量	符号	变量	符号
家庭储蓄增长率	sav_{it}^1	家庭收入增长率	R_3
家庭边际储蓄倾向	sav_{it}^2	家庭消费增长率	R_4
财政补贴	sub_{it}	老年人占家庭人口比重	R_5
家庭参保人数	N	家庭规模	m
财政补贴占人均筹资额比重	R_1	家庭医疗护理费用支出	AC
工资性收入占总收入比重	R_2	子女教育支出	EC

资料来源：笔者整理。

2. 解释变量

本章主要考察长期护理保险财政补贴对储蓄的影响。因此，选取长期护理保险财政补贴作为解释变量。目前试点城市的财政补贴主要采取定额补贴和定比补贴两种方式,为了保持一致,本书根据定比补贴的基数和比例将定比补贴换算为财政补贴额。财政补贴等于每个家庭参保人数与人均财政补贴额的乘积。

3. 控制变量

控制变量主要包括家庭参保人数、财政补贴占人均筹资额比重、工资性收入占总收入比重、家庭收入增长率、家庭消费增长率、老年人占家庭人口比重、家庭规模、家庭医疗护理费用支出和子女教育支出等。

6.2.3 关键变量描述性统计

为了避免面板数据产生异方差的问题,本书在回归前对财政补贴、家庭储蓄、人均纯收入、财政收入这些变量进行了对数化处理,并且对样本进行了 winsorize 上下 5% 极端值异常值处理,以保证检验结果的稳定性。表 6.2 为主要变量的描述性统计。

表 6.2　　主要变量的描述性统计

变量名称	观测值	均值	标准差
家庭储蓄增长率（%）	427	0.104	1.142
家庭边际储蓄倾向（%）	427	0.468	1.864
财政补贴（元）	427	51.652	1.975
家庭参保人数（人）	427	1.155	1.001
财政补贴占人均筹资额比重（%）	427	0.032	1.031
工资性收入占总收入比重（%）	427	0.899	2.564
家庭收入增长率（%）	427	0.105	1.135
家庭消费增长率（%）	427	0.085	1.432
老年人占家庭人口比重（%）	427	0.543	1.135
家庭规模（人）	427	2.985	1.012
家庭医疗护理费用支出（元）	427	10985.44	133.562
子女教育支出（元）	427	9813.67	256.18

资料来源:笔者整理。

6.3 模型建立

6.3.1 面板模型构建

根据上述理论分析，本研究使用面板数据模型来考察长期护理保险财政补贴对试点城市居民家庭储蓄的影响，根据上述面板模型的介绍和预防性储蓄理论的支持，设立下面基本理论模型：

$$sav_{it} = \alpha_0 + \alpha_1 sub_{it} + \alpha_2 X_{it} + \theta_i + \varepsilon_{it} \tag{6.6}$$

式中：sav_{it}是被解释变量，表示第i个参保家庭第t年的家庭储蓄增长率或家庭边际储蓄倾向；sub_{it}是解释变量，表示第i个参保家庭第t年获得的长期护理保险财政补贴情况；X_{it}表示第i个参保家庭随时间变化的相关控制变量；θ_i表示家庭个体效应；ε_{it}表示随机扰动项。

6.3.2 门槛模型

财政补贴与居民储蓄之间并不是简单的线性关系，财政补贴对居民储蓄的作用效果呈现双重性，既会产生正向效应也会产生负向效应。随着财政补贴强度的变化，存在着财政补贴效用的最佳区间，在此区间内，财政补贴对居民储蓄的作用效果最强。因此笔者采用汉森（Hansen）的门槛模型进行深入研究，方程如下：

$$sav_{it} = \beta_0 + \beta_1 x_{it} \times I(q_{it} \leq \gamma) + \beta_2 x_{it} \times I(q_{it} > \gamma) + \varepsilon_{it} \tag{6.7}$$

式中，i表示参保家庭，t表示时间，q_{it}表示所考察的门槛变量，γ表示未知门槛，ε_{it}表示随机干扰项。$I(\cdot)$表示指示性函数，若括号内条件成立则取值为1，若括号内条件不成立则取值为0。

将财政补贴强度作为门槛变量和核心解释变量,则财政补贴与居民储蓄之间的单门槛回归模型可以表示为:

$$sav_{it}^1 = \mu_i + \alpha_1 sub_{it} \times I(sub_{it} \leq q) + \alpha_2 sub_{it} \times I(sub_{it} > q) + \beta' X_{it} + \varepsilon_{it} \tag{6.8}$$

式中,i 表示参保家庭;t 表示时间;sav_{it} 是被解释变量,表示第 i 个参保家庭第 t 年的家庭储蓄增长率或家庭边际储蓄倾向;sub_{it} 为门槛变量;μ_i 表示无法观测的个体效应;X_{it} 表示第 i 个参保家庭随时间变化的相关控制变量集合。

与单门槛回归模型的设定逻辑类似,双重门槛和三重门槛的回归模型分别表示为:

$$\begin{aligned} sav_{it}^2 = & \mu_i + \alpha_1 sub_{it} \times I(sub_{it} \leq q_1) + \alpha_2 sub_{it} \times I(q_1 < sub_{it} \leq q_2) \\ & + \alpha_3 sub_{it} \times I(sub_{it} > q_2) + \gamma' X_{it} + \varepsilon_{it} \end{aligned} \tag{6.9}$$

$$\begin{aligned} sav_{it}^3 = & \mu_i + \alpha_1 sub_{it} \times I(sub_{it} \leq q_1) + \alpha_2 sub_{it} \times I(q_1 < sub_{it} \leq q_2) \\ & + \alpha_3 sub_{it} \times I(q_2 < sub_{it} \leq q_3) + \alpha_4 sub_{it} \times I(sub_{it} > q_3) \\ & + \gamma' X_{it} + \varepsilon_{it} \end{aligned} \tag{6.10}$$

本章使用 Stata14.0 软件进行上述计量分析。

6.4 面板模型分析

6.4.1 模型检验结果

首先对模型进行 F 检验,确定其是否是混合效应模型,得到的 F 检验结果如表 6.3 所示。模型在 5% 显著性水平下拒绝原假设,所以面板数据模型为非混合效应模型。

表 6.3　F 检验结果

变量	F 统计量	P 值	检验结果
家庭储蓄增长率	28.7555	0.0000	非混合效应模型
家庭储蓄倾向	36.3308	0.0000	非混合效应模型

资料来源：笔者计算所得。

进一步对模型进行 Hausman 检验，以确定模型属于固定效应模型还是随机效应模型，二者的差别在于截距项和解释变量是否相关。Hausman 检验结果如表 5.4 所示。

表 6.4　Hausman 检验结果

变量	χ^2 统计量	P 值	检验结果
家庭储蓄增长率	22.7727	0.0012	固定效应模型
家庭储蓄倾向	30.8869	0.0030	固定效应模型

资料来源：笔者计算所得。

6.4.2　财政补贴对家庭储蓄增长率的影响

F 检验和 Hausman 检验的结果都表明固定效应模型的估计相对最好，固定效应模型估计结果如表 6.5 所示。

表 6.5　长期护理保险财政补贴对家庭储蓄增长率的影响

解释变量	估计系数	T 统计量	P 值
财政补贴	-0.034	0.038***	0.000
家庭参保人数	-0.532	1.307***	0.000
财政补贴占人均筹资额比重	0.124	1.321***	0.000
工资性收入占总收入比重	0.054	1.765**	0.000
家庭收入增长率	0.501	4.231***	0.000
家庭消费增长率	-0.022	1.374	0.023
老年人占家庭人口比重	0.046	0.122***	0.000
家庭规模	0.208	0.054***	0.000

续表

解释变量	估计系数	T统计量	P值
家庭医疗护理费用支出	0.176	0.036**	0.017
子女教育支出	0.288	0.018**	0.015
常数项（C）	8.274***		
R^2	0.709		

注：***、**分别代表1%、5%水平下显著。

财政补贴能够显著降低居民家庭储蓄增长，对长期护理保险筹资每增加1个单位的财政补贴，对居民家庭储蓄增长率降低有0.034个单位的贡献。为了控制可能存在的内生性问题的影响，本章进一步考察了其他控制变量对家庭储蓄增长率的影响。家庭参保人数与家庭储蓄增长率负相关，平均而言，家庭参保人数每增加1个单位，家庭储蓄增长率降低0.532个单位。财政补贴占人均筹资额比重对家庭储蓄增长率具有显著的正向影响，说明在筹资金额一定的情况下，财政补贴占人均筹资额比重越大，则政府责任越重，家庭的参保支出负担越轻，家庭可用于储蓄的资金越多。财政补贴占人均筹资额比重每增加1个单位，对居民家庭储蓄增长率有0.124个单位的贡献。工资性收入占总收入比重对家庭储蓄增长率具有显著的正向影响，其每增加1个单位，对居民家庭储蓄增长率有0.054个单位的贡献。家庭收入增长率对家庭储蓄增长率具有显著的正向影响，这与预期的结果相似，家庭收入增长率提高会加大这个家庭的整体储蓄增长率。家庭收入增长率每提高1个单位，对居民家庭储蓄增长率有0.501个单位的贡献。家庭消费增长率对家庭储蓄增长率具有正向影响，但未通过显著性检验，可能的解释是试点地区实行固定的财政补贴金额，财政补贴额度并未根据每年的财政收入变动情况进行相应的调整。老年人占家庭人口比重对家庭储蓄增长率具有正向影响，说明老年人占家庭人口比重较大时，一个家庭会考虑未来老年人的医疗护理问题，采取谨慎消费，从而增加预防性储蓄。家庭规模表示的是一个家庭的成员数量，从表6.5中可以看到，家庭规模对该家庭储蓄增长率有非常显著的正向影响，这与预期的结果相似，家庭成员增加有助于加快这个家庭储蓄的增长速度。家庭储蓄增长率也跟家庭医疗护理费用支出正相关，家庭医疗护理费用支出在一定程度上影响家庭对未来医疗护理成本增长及长期护理保险保障程度的预期，家庭医疗护理费用支出越高，居民对政府责任及财政补贴的信任感等会更加敏感，从而正向影响家庭储蓄行为。家庭医疗护理费用支出每提高 1 个单位，对居民家庭储蓄增长率有 0.176 个单位的贡献。子女教育支出每增加 1 个单位，对居民家庭储蓄增长率有 0.288 个单位的贡献。储蓄是资本形成的资金来源，可以通过增加投资来刺激经济增长，而经 C-D 函数估计，资本投入增加 1%，经济增长增加 0.531%。

6.4.3 财政补贴对家庭储蓄倾向的影响

F 检验和 Hausman 检验的结果都表明固定效应模型的估计相对较好，固定效应模型估计结果如表 6.6 所示。

表 6.6　　长期护理保险财政补贴对家庭边际储蓄倾向的影响

解释变量	估计系数	T 统计量	P 值
财政补贴	-0.042	0.026***	0.000
家庭参保人数	-0.441	1.512***	0.000
财政补贴占人均筹资额比重	-0.098	1.351***	0.000
工资性收入占总收入比重	0.105	1.886**	0.000
家庭收入增长率	0.208	3.894***	0.000
家庭消费增长率	0.312	0.889	0.305
老年人占家庭人口比重	0.038	0.212***	0.000
家庭规模	0.107	0.154***	0.000
家庭医疗护理费用支出	0.316	0.236**	0.002
子女教育支出	0.587	0.198**	0.001
常数项（C）	7.976***		
R^2	0.931		

注：***、** 分别代表 1%、5% 水平下显著。

表 6.6 报告了长期护理保险财政补贴对家庭边际储蓄倾向影响的估

计结果。财政补贴对试点城市居民的家庭储蓄倾向起到了显著的抑制作用。长期护理保险筹资每增加 1 个单位的财政补贴，对家庭边际储蓄倾向降低有 0.042 个单位的贡献。家庭参保人数与家庭边际储蓄倾向负相关，与对家庭储蓄增长率的影响相比，家庭参保人数对家庭边际储蓄倾向的抑制作用更大，家庭参保人数每增加 1 个单位，家庭边际储蓄倾向降低 0.441 个单位。财政补贴占人均筹资额比重对家庭边际储蓄倾向具有负向影响，财政补贴占人均筹资额比重每增加 1 个单位，对家庭边际储蓄倾向降低有 0.098 个单位的贡献。工资性收入占总收入比重对家庭边际储蓄倾向具有正向影响，其每增加 1 个单位，对家庭边际储蓄倾向提升有 0.105 个单位的贡献。家庭收入增长率对家庭边际储蓄倾向具有显著的正向影响，与对家庭储蓄增长率的影响相比，家庭收入增长率对家庭边际储蓄倾向的拉动作用相对减小。可能的解释是随着人均纯收入的增长，人们对生活质量的追求提高，拉动了居民消费支出倾向的增长。家庭收入增长率每提高 1 个单位，对家庭边际储蓄倾向提升有 0.208 个单位的贡献。家庭消费增长率对家庭边际储蓄倾向影响不显著。老年人占家庭人口比重对家庭边际储蓄倾向具有正向影响，说明老年人占家庭人口比重越大，家庭边际储蓄意愿越强烈。与对家庭储蓄增长率的影响相比，家庭规模对该家庭边际储蓄倾向的正向影响相对弱一些。家庭医疗护理费用支出与家庭边际储蓄倾向正相关，家庭医疗护理费用支出的增加，使人们对预防性储蓄更加敏感，促使人们更加重视远期消费，从而提升家庭边际储蓄倾向。家庭医疗护理费用支出每提高 1 个单位，对家庭边际储蓄倾向有 0.316 个单位的贡献。子女教育支出每提高 1 个单位，对家庭边际储蓄倾向有 0.587 个单位的贡献。

6.5 门槛模型分析

我们将财政补贴强度设为门槛变量，通过 Bootstrap 检验是否存在门槛以及确定门槛个数,进一步研究相关效应是否会随着补贴强度的变化而产生结构突变。通过表6.7可以看出,单一门槛和双重门槛均显著,而三重门槛不显著。因此,选择双重门槛模型展开分析,当因变量为家庭储蓄增长率时,第一个门槛的估计值是0.0312,第二个门槛的估计值是0.0815。根据估计的两个门槛值将财政补贴划分为三个区间:财政补贴强度较低(低于0.0312)、财政补贴强度中等(介于0.0312~0.0815)和财政补贴强度较高(高于0.0815)。当因变量为家庭储蓄倾向时,第一个门槛的估计值是0.0403,第二个门槛的估计值是0.0729。根据估计的两个门槛值将财政补贴划分为三个区间:财政补贴强度较低(低于0.0403)、财政补贴强度中等(介于0.0403~0.0729)和财政补贴强度较高(高于0.0729)。

表6.7　　　　　　　　　门槛效应存在性检验

门槛	家庭储蓄增长率			家庭储蓄倾向		
	F值	P值	BS次数	F值	P值	BS次数
单一门槛	38.99	0.0000	300	29.88	0.0000	300
双重门槛	22.33	0.0027	300	33.52	0.0015	300
三重门槛	9.8776	0.1152	300	15.99	0.3554	300

资料来源:笔者计算所得。

门槛回归结果如下:从各门槛值划分的三个区间来看,财政补贴对家庭储蓄增长率和家庭储蓄倾向的贡献度随着补贴强度的提高都呈现出显著的区间效应。以对家庭储蓄增长率的门槛效应为例,当财政补贴强度较低(低于0.0312)时,财政补贴对家庭储蓄增长率的边际系数是-0.0575。随着补贴强度的提高,财政补贴对家庭储蓄增长率的影响程度有所下降。当财政补贴强度为中等时,财政补贴对家庭储蓄增长率的边际系数是-0.0452。当财政补贴强度高于0.0815时,财政补贴对家庭储蓄增长率的边际效应下降至-0.0190。因此回归结果显示,在补贴强度低于0.0312时,家庭储蓄增长率对财政补贴具有较高的敏感度,财政补贴强度对家庭储蓄增长率的激励效应最为显著。回归结果说明，虽然整体上财政补贴对家庭储蓄增长率呈现明显的促进效应，但是部分区间补贴效率不高，所以考虑对长期护理保险确定补贴范围是有必要的。

表6.8　　　　　　　　　门槛效应回归结果

变量	因变量：家庭储蓄增长率	因变量：家庭储蓄倾向
家庭参保人数	-0.022 *** (10.141)	-0.301 *** (9.687)
财政补贴占人均筹资额比重	0.090 ** (11.231)	0.080 ** (10.330)
工资性收入占总收入比重	0.001 ** (9.236)	0.011 ** (9.442)
家庭收入增长率	0.216 *** (8.236)	0.198 ** (8.665)
家庭消费增长率	0.157 ** (6.770)	0.235 *** (8.554)
老年人占家庭人口比重	0.351 ** (8.445)	0.402 ** (12.337)
家庭规模	0.010 * (10.779)	0.010 ** (7.543)
家庭医疗护理费用支出	0.219 ** (9.445)	0.310 ** (11.110)
子女教育支出	0.11019 ** (7.990)	0.097 ** (13.112)
财政补贴（1）	-0.058 *** (9.332)	-0.049 *** (10.003)
财政补贴（2）	-0.045 *** (7.566)	-0.041 *** (8.777)
财政补贴（3）	-0.019 *** (12.014)	-0.015 *** (8.993)
_cons	-0.172 *** (-8.356)	-0.158 *** (-9.098)

注：***、**、*分别代表1%、5%、10%水平下显著；括号里的数值为经异方差调整后稳健的标准差。

6.6 稳健性检验

在控制变量的选取中，工资性收入占总收入的比重和家庭收入增长率在一定程度上具有相似性，均可体现家庭在一定时期内的储蓄能力。因此在进行稳健性检验过程中，将对家庭储蓄影响较为显著的家庭收入增长率变量剔除后再次进行回归分析。从表6.9可以看出，即使剔除了家庭收入增长率这一控制变量，财政补贴对家庭储蓄增长率和家庭储蓄倾向的抑制作用依然显著，与前文的分析结果一致。

表6.9 稳健性检验结果

变量	因变量：家庭储蓄增长率	因变量：家庭储蓄倾向
家庭参保人数	-0.0204*** (9.322)	-0.3011*** (8.875)
财政补贴占人均筹资额比重	0.0893** (10.314)	0.0795** (9.302)
工资性收入占总收入比重	0.0015** (10.236)	0.0111** (10.423)
家庭消费增长率	0.1566** (7.709)	0.2343*** (9.543)
老年人占家庭人口比重	0.3499** (9.454)	0.4026** (10.378)
家庭规模	0.0100* (10.732)	0.0098** (8.439)
家庭医疗护理费用支出	0.2189** (9.407)	0.3104** (12.109)
子女教育支出	0.0991** (9.908)	0.0969** (11.121)
财政补贴（1）	-0.0572*** (9.335)	-0.0495*** (9.023)
财政补贴（2）	-0.0499*** (7.589)	-0.0402*** (7.767)
财政补贴（3）	-0.0189*** (11.014)	-0.0146*** (9.093)
_cons	-0.1725*** (-10.305)	-0.1580*** (-8.918)

注：***、**、*分别代表1%、5%、10%水平下显著；括号里的数值为经异方差调整后稳健的标准差。

6.7 本章小结

本章重点探讨了长期护理保险财政补贴政策对居民家庭储蓄增长率与家庭边际储蓄倾向的影响，利用中国健康与养老追踪调查 2013 年、2015 年和 2018 年的数据，基于门槛面板模型从微观角度检验了财政补贴对家庭储蓄的影响。得到如下结论：财政补贴与家庭储蓄之间存在着非线性关系；政府的财政补贴对家庭储蓄增长率与家庭边际储蓄倾向产生促进作用，且存在最优区间，将财政补贴强度确定在 [0, 0.0312) 范围内，能够使对家庭储蓄增长率的影响效应达到最大，边际系数为 -0.0575；将财政补贴强度确定在 [0, 0.0403) 范围内，能够使对家庭储蓄倾向的影响效应达到最大，边际系数为 -0.0492。储蓄是资本形成的资金来源，可以通过增加投资来刺激经济增长，而经 C-D 函数估计，资本投入每增加 1%，经济增长就增加 0.531%。根据这些研究结果，我们建议如下：

一是长期护理保险财政补贴对居民储蓄有显著效应，财政补贴是必要的。政府应对长期护理保险进行持续补贴，较快地提升人们的生活水平和医疗护理保障水平，拉动居民消费需求，弱化其预防性储蓄动机。长期护理保险财政补贴制度推进的最终目的，是为了推动长期护理保险制度的顺利开展，以便解决居民对年老失能后的医疗护理的后顾之忧。实现这一目标，必须控制财政补贴力度，建立科学合理的待遇增长机制，使参保者能够以较低的保费支出得到较高的保障水平，让参保人对这一制度及制度的发展有良好的预期。

二是要努力拓展长期护理保险基金的筹资渠道，形成来源多样的基金筹资模式。参保人缴费负担重，对当期消费产生挤出效应，对参保人而言，每年需要缴纳的保费是刚性开支，在选择上自然越少越好，这直接影响长期护理保险参保人的账户基金积累，在制度设计中应该注重鼓励集体组织、社会机构和单位等多渠道为他们提供补助。

　　三是要建立长期护理保险财政补贴动态调整长效机制，依据经济发展水平以及长期护理保险制度目标，对财政补贴额度进行相应调整，以发挥补贴资金的最大影响效应。研究表明，对不同经济发展条件的地区，参保人的实际获得感是不一样的，需要设计差异化的财政补贴模型，实施不同的财政补贴标准，尽量做到在财政补贴总投入不变的情况下使得补贴效用最大化。

第 7 章

长期护理保险财政补贴动态调整机制

中国政府高度重视老龄事业发展，为了解决老龄社会日益攀升的长期护理需求和护理费用问题，2016年《人力资源和社会保障事业发展"十三五"规划纲要》提出"建立长期护理保险制度，为失能人员的基本生活照料提供保障"。长期护理保险制度在全国试点工作的展开，弥补了我国长期护理保障领域的空白，在家庭护理模式向社会化护理模式过渡过程中，有效地化解了高额长期护理费用给家庭经济带来的财务风险，优化了医疗护理资源配置。目前大多数试点地区的护理资金来源依附于医疗保险的长期护理保险制度，对于新制度试点开展和推广意义重大，但实际上，这种主要或者单纯依靠医保基金的筹资模式是不合理的，随着制度的推广，要防范在逐步提高保障范围过程中对医疗保险资金的挤占风险（陈璐，2013）。以目前中国的经济发展水平和企业社保缴费负担，单纯依靠个人和单位缴费筹资的可行性不大，可以考虑"单位＋个人＋财政补贴"的筹资模式。青岛市和南通市等试点地区在筹资中将财政责任前置，对筹资环节给予财政补贴，通过基金运行实现自我平衡，在制度推行过程中取得了较好的成绩。为了避免筹资过程中个人责任和财政补贴标准调整的短期性和随意性，需要建立一套科学合理的责任分担动态调整机制，以促进长期护理保险制度的稳定性和可持续发展。

7.1 以经济增长为目标构建财政补贴动态调整机制的必要性

筹资责任分担是长期护理保险制度的重中之重。纵观世界上实行社会长期护理保险制度的国家，多数政府都为长期护理保险提供了财政补贴，形成了多元筹资渠道，为财政介入长期护理保险领域并发挥引导作用提供了可能（Brown J R & Finkelstein A，2008）。对保费实行财政补贴要比直接补贴给家庭或护理服务提供者效果更好（Chou S Y, Grossman M，Liu J T，2014）。典型国家实施长期护理保险的一般路径就是政府通过财政补贴措施减少家庭参保的费用负担（Coe N B & Skira M M，2015）。财政补贴在长期护理保险筹资中具有举足轻重的作用，随着护理需求不断增加及护理成本逐年提高，政府的财政压力越来越大，引发了多次以"筹资责任分担"为核心的政策改革（Kim H et al.，2013；Tamiya N et al.，2011；Maarse J A M H & Jeurissen P P P，2016）。例如，日本为了保证制度的可持续性，通过提高缴费比例和自付比例等提高个人责任，进行了多次"开源节流"式制度改革，以缓解财政负担（Campbell J C，Ikegami N，Gibson M J，2010）。作为覆盖人口众多、主要依赖财政补贴筹资的长期性制度安排，我国在长期护理保险制度推广过程中迫切需要建立制度化和规范化的筹资责任分担动态调整机制。

近年来，一些学者针对如何实现长期护理保险长期筹资与财政补贴问题进行了研究，如杨伟等（Yang Wei et al.，2016）以公平和效率为目标，针对部分试点地区提出了融资思路，建议建立预付式融资机制和长期技术合作融资机制。邓大松和郭婷（2015）认为目前青岛市职工社会医疗保险划入长期护理保险个人账户的资金比例完全可以负担得起职工长期护理保险费，建议在居民长期护理保险费的筹集上，以城乡居民年人均可支配收入为基数，财政补贴和个人各负担50%；对缴费困难群体，由地方财政全额承担保费。荆涛等（2017）研究了政策性长期护理保险财政补贴问题，发现最优补贴比例与保险覆盖率之间同时存在需求函数及约束条件下的最优化函数关系，建议针对不同经济状况的参保群体实行差异化保费补贴比例，并适当提高政府补贴支出额度。戴卫东（2016）根据对试点城市的研究，提出将职工医疗保险2%的个人账户划入长期护理社会统筹账户，按城市居民缴费1%的比例在城镇居民基本医疗保险另立长期护理社会统筹账户；在推广城市，城镇职工医疗保险个人账户划入长期护理保险的比例为1%～2%，城市居民缴费仍为1%，待医疗保险个人账户划拨长期护理基金支付平衡后，将城市职工和居民费率统一为1%。如前所述，现有文献主要针对筹资比例和财政补贴进行了粗略估计，缺乏对长期护理保险筹资过程中个人和政府责任分担动态调整机制的系统性分析。

长期护理保险筹资责任分担调整是一个复杂的动态系统过程，需要用系统思维方式进行全局思考，系统动力学为解决这种复杂系统性问题提供了良好思路。系统动力学分析方法在保险、医疗卫生等领域得到了越来越广泛的应用，如王晓燕（2007）对社会医疗保险费用控制方案进行了系统动力学模拟研究；王宇熹等（2012）对上海养老保险改革进行了系统动力学仿真分析；赵湜和谢科范（2013）采用系统动力学方法对科技保险政策进行了模拟分析；艾贺玲和黄萍（2017）对老龄化背景下上海城镇职工医疗保险基金管理政策进行了仿真研究。

当前，试点地区在长期护理保险筹资机制中存在着筹资主体狭窄、缺乏独立性以及筹资标准碎片化等诸多问题（王竹可，2019）。在人口老龄化和护理费用增长的双重作用下，长期护理保险统筹基金的支付压力将与日俱增。为了实现长期护理保险制度的全覆盖和可持续发展，我国在从制度试点到全面推广过程中需要建立起科学合理的长期护理保险财政补贴动态调整机制，全面整合个人责任和财政补贴资金，以提高保障范围、减轻医保基金压力。从理论上看，长期护理保险财政补贴动态调整问题涉及经济增长目标、长期护理费用增长、参保人口结构转变、保障水平调整等多方面的因素。本书以灾难性支出发生率为参照指标，结合适度保障水平理论，从可持续发展视角出发，试图综合考虑上述多种因素建立长期护理保险基金运行系统动力学模型，研究经济增长目标下长期护理保险财政补贴动态调整问题，期望可以为推进长期护理保险财政补贴机制优化提供政策启示。

7.2 长期护理保险基金运行系统分析

长期护理保险基金运行系统是典型的复杂系统，根据试点地区长期护理保险基金运行的内在结构和基本特征，分别梳理了人口子系统、基金收入子系统和基金支出子系统运行的因果关系。

7.2.1 人口系统

人口系统动力学模块对研究以经济增长为目标的长期护理保险财政补贴动态调整问题起到了非常重要的作用，人口数量及人口结构等数据的质量很大程度上决定了模拟结果的可靠性和客观性。在现有研究中，人口模型（子模块）存在一些问题：

（1）人口模型（子模块）大多关注未来人口状态，即通过对含有生育率、死亡率等参数的人口模型进行求解，预测人口数量及其相关的各类指数，而没有将人口政策和人口控制理念纳入研究中。

（2）人口模型（子模块）的年龄层次划分不够精确，大多数模型并没有分年龄计算，少数分年龄计算的模型将人口的年龄段划分为三阶段（分别为 0～14 岁、15～64 岁、64 岁及以上）或者四阶段（分别为 0～14 岁、15～44 岁、45～64 岁、65 岁及以上），但依然不足以精确显示各个年龄层次的人口数量和整体人口结构。

基于上述认识，最好的办法是利用系统动力学模拟方法，对出生率和死亡率都相对稳定的各个年龄阶段的人口分段建模[①]。本书考虑未来人口政策的影响,基于不同年龄人口的生育率和死亡率,梳理了人口子系统动力学因果关系图。人口子系统的构建还建立在如下假设基础上:第一,所研究人口最高寿命为100岁;第二,各年龄人口的死亡率和生育率不会出现内生变化;第三,人口迁入和迁出基本平衡,即人口迁移影响忽略不计。由于篇幅限制,在人口子系统动力学因果关系图的展示上省略部分年龄,其简图如图7.1所示。

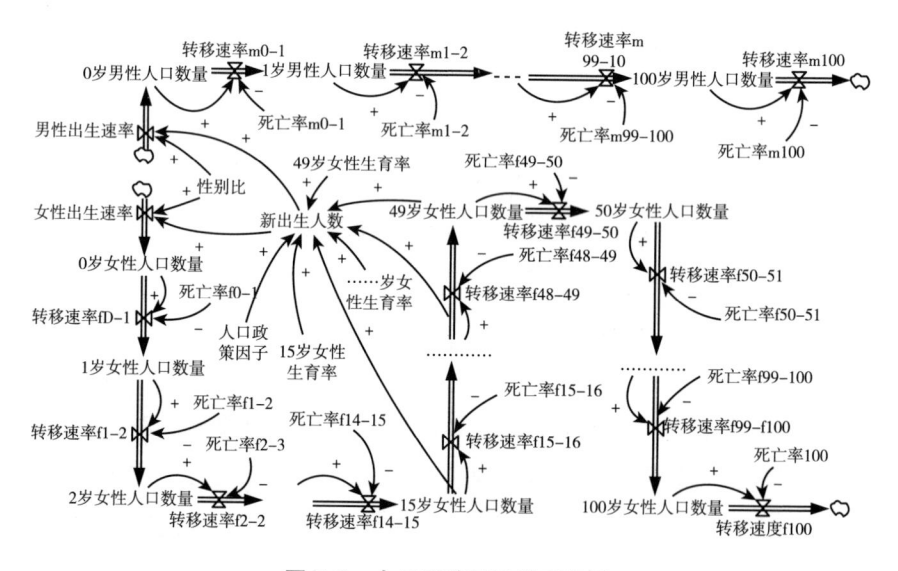

图 7.1 人口系统因果关系简图

7.2.2 基金收入系统

根据目前国内长期护理保险制度试点情况来看,长期护理保险根据所依托的医疗保险类型不同而有所区别,为了更好地区分不同类型长期护理保险的筹资机制,本书将依托职工基本医疗保险制度构建的

[①] 刘纪学,李娜. 我国城乡人口模型动力学分析与预测 [J]. 数学的实践与认识,2013,43 (18): 68-77.

长期护理保险称为职工长期护理保险；依托城镇居民医疗保险制度构建的长期护理保险称为居民长期护理保险。综合来看，长期护理保险基金来源主要包括六个渠道：职工（居民）医保统筹基金、医保个人账户、个人缴费、医保基金历年结余、福彩公益金和财政补贴。各试点地区结合自身经济社会发展情况，建立起了由不同筹资渠道组合而成的各具特色的筹资机制。各试点地区长期护理保险资金来源及构成如表 7.1 所示。

表 7.1　　　　各试点地区长期护理保险资金来源及构成

试点地区	类别	筹资构成
青岛市	职工长期护理保险	以职工医保统筹基金缴费基数总额 0.5% 的标准按月划转；以不超过历年职工医保基金结余 20% 的比例一次性划转；以职工医保个人账户月计入基数总额 0.2% 的标准按月代扣；财政补贴 30 元/人/年
	居民长期护理保险	按不超过当年居民社会医疗保险费筹资总额 10% 的比例进行划转
苏州市	职工长期护理保险	从职工基本医疗保险统筹基金结余中按 70 元/人/年标准划转；政府补贴 50 元/人/年
	居民长期护理保险	从城乡居民基本医疗保险统筹基金结余中按 35 元/人/年划转；政府补贴 50 元/人/年
荆门市	职工长期护理保险	按照居民人均可支配收入的 0.4% 确定缴费基数，其中：个人缴纳 37.5%；医保统筹基金划拨 25%；财政补贴 37.5%
	居民长期护理保险	
安庆市	职工长期护理保险	个人缴费标准为 10 元/人/年；从城镇职工基本医疗保险统筹基金结余中按 20 元/人/年划转；财政补贴数额待定
承德市	职工长期护理保险	将上一年度工资总额的 0.4% 作为缴费基数，其中：个人负担 0.15%；城镇职工基本医疗保险基金负担 0.2%；政府财政补贴 0.05%
南通市	职工长期护理保险	个人负担 30 元/人/年；医保统筹基金负担 30 元/人/年；政府财政补贴 30 元/人/年
	居民长期护理保险	
上饶市	职工长期护理保险	城镇职工和城乡居民长期护理保险筹资标准为每人每年 90 元，其中：个人缴纳标准为 50 元/人/年；从医保统筹基金按照 35 元/人/年的标准进行划转；单位缴纳或财政补贴，标准为 5 元/人/年
	居民长期护理保险	

续表

试点地区	类别	筹资构成
成都市	职工长期护理保险	个人缴费部分，以城职保缴费基数为基数，40岁（含）以下未退休人员费率为0.1%；40岁以上至达到法定退休年龄并办理基本医疗保险退休不缴费手续前，费率为0.2%；退休人员费率为0.3%；单位缴费部分，以城职保缴费基数为基数，按0.2%的费率从统筹基金中按月划拨；财政补贴以退休人员城职保个人账户划入基数为缴费基数，按每人每月0.1%的费率补贴；试点启动阶段，从城职保基金累计结余中一次性划转5000万元作为长期照护保险启动资金
重庆市	职工长期护理保险	个人缴纳90元/人/年；从医保统筹基金中按照60元/人/年标准划转
长春市	职工长期护理保险	参加统账结合医保的，以当月职工医保缴费工资基数为标准，从个人账户中划转0.2个百分点，从统筹基金中划转0.3个百分点；参加住院统筹医保的，从医保统筹基金中划转0.5个百分点。
长春市	居民长期护理保险	从城镇居民基本医疗保险统筹基金中按每人每年30元标准划转
上海市	职工长期护理保险	以用人单位缴纳职工医保缴费基数为标准，按照1%比例从职工医保统筹基金中按季划转
上海市	居民长期护理保险	从居民医保统筹基金中按季划转，比例待定
石河子市	职工长期护理保险	按照15元/人/月的标准从职工医保统筹基金划转
石河子市	居民长期护理保险	18周岁及以上的居民参保人（大中专在校学生除外）按照24元/人/年的标准从居民医保基金划转；以辖区内上年度60岁以上老年人数为基数，按40元/人/年的标准进行财政补贴；以辖区内上年度重度残疾人数为基数，按40元/人/年的标准进行财政补贴；按照每年度50万元（占同期福彩公益金的5%）的标准，从福彩公益金划转
广州市	职工长期护理保险	按照130元/人/年的标准从职工医保统筹基金划转
宁波市	职工长期护理保险	试点期间，从市区职工医保统筹基金累计结余中先行安排资金作为长期护理保险试点启动资金，参保人员暂不缴费，今后逐步探索建立互助共济、责任共担的多渠道筹资机制
临汾市	职工长期护理保险	按上年度城镇居民人均可支配收入的0.2%左右确定缴费基数，其中：个人缴纳标准为20元/人/年；从医保统筹基金按照30元/人/年进行划转
临汾市	居民长期护理保险	

资料来源：笔者根据各试点城市政府官网整理而得。

7.2.3 基金支出系统

长期护理保险基金支出主要为对各类护理服务所产生的费用支出（见表7.2）。青岛市针对职工和居民两类参保对象实行了差异化的护理服务供给方式及待遇水平，职工护理保险参保人经失能等级评估，可以在专护、院护、家护和巡护四种服务方式中进行选择；居民护理保险参保人可选择的护理服务方式部分受限，一档居民、少年儿童和大学生不可以申办家护服务形式，二档居民只可以申办巡护服务形式。居民长期护理保险待遇水平低于职工长期护理保险待遇水平。除青岛外，其他试点地区均未根据不同参保对象对护理服务供给方式进行区分，大多数试点地区只针对待遇水平进行了划分。值得注意的是，重庆市、宁波市和临汾市的待遇水平较低且管理较为粗略。

表 7.2　　　　各试点地区长期护理保险基金支出情况

试点地区	类别	基金支出构成	报销比例
青岛市	职工长期护理保险	专护、院护、家护和巡护包干额度分别为170元/人/天、65元/人/天、50元/人/天和1600元/人/年	90%
	居民长期护理保险	一档居民/少年儿童/大学生可以申办专护、院护和巡护三种服务形式；二档居民只可以申办巡护服务形式，且包干额度为800元/人/年	一档成年居民/少年儿童/大学生报销80%；二档成年居民报销70%
苏州市	职工长期护理保险	医疗机构住院护理；养老机构护理；社区居家护理	入住机构的重度失能人员26元/天；中度失能人员20元/天；居家护理重度失能人员30元/天，中度失能人员25元/天
	居民长期护理保险		
荆门市	职工长期护理保险	居家护理，全日居家护理100元/人/日，非全日居家护理40元/人/日；养老机构护理限额100元/人/日；医院护理限额150元/人/日	全日居家护理报销80%，非全日居家护理全额报销；养老机构报销75%；医院护理报销70%
	居民长期护理保险		

续表

试点地区	类别	基金支出构成	报销比例
安庆市	职工长期护理保险	在协议服务机构接受长期护理服务，发生的符合规定的床位费、护理服务费、护理设备使用费	医疗床位护理报销60%，且试点期间不超过50元/人/天；养老机构床位护理报销50%，且试点期间不超过40元/人/天；上门护理限额750元/月；居家护理每天补贴15元
承德市	职工长期护理保险	居家护理	家护服务报销1500元/人/月（不足整月按50元/日计算）；不能享受上门护理服务的保障对象，补贴450元/人/月（不足整月按15元/日计算）
南通市	职工长期护理保险	床位费；照护服务费；护理设备使用费；护理耗材等照护费	定点医疗机构报销60%；定点养老机构报销50%；定点机构提供上门报销限额1200元/月
	居民长期护理保险		
上饶市	职工长期护理保险	居家护理小额补贴；居家上门护理；机构护理	市医保局统一与中标的商业保险公司分别签订承办服务协议，并报市人力资源和社会保障局备案
	居民长期护理保险		
成都市	职工长期护理保险	与基本照护服务相关的服务费；耗材费；设备使用费	基础照护报销75%；专业照护报销比例在基础照护待遇的基础上实行定额或限额支付
重庆市	职工长期护理保险	饮食照料服务费；排泄照料服务费；行走照料服务费；清洁照料服务费	50元/人/日
长春市	职工长期护理保险	入住定点医疗照护机构发生的符合规定的：床位费（指在养老或护理机构接受医疗照护期间，医疗机构除外）；护工劳务费用；护理设备使用费；护理日用品；舒缓治疗费	入住养老或护理医疗照护机构报销比例为90%
	居民长期护理保险		入住养老或护理医疗照护机构报销比例为80%
上海市	职工长期护理保险	社区居家照护，二级或三级3次/周；四级5次/周；五级或六级7次/周，每次上门服务时间为1小时；养老机构照护；住院医疗护理	社区居家照护报销90%；养老机构照护报销85%；住院医疗护理以职工医保或居民医保相关规定执行
	居民长期护理保险		

续表

试点地区	类别	基金支出构成	报销比例
石河子市	职工长期护理保险	机构护理；居家上门护理；居家自行护理	机构护理/居家上门护理报销70%，且月度限额为750元；居家自行护理每日补贴标准为25元
	居民长期护理保险		
广州市	职工长期护理保险	机构护理；居家护理	机构护理报销比例为75%；居家护理报销比例为90%
宁波市	职工长期护理保险	专业医疗机构护理；养老机构护理	40元/日
临汾市	职工长期护理保险	在协议护理服务机构享受照护服务发生的下列费用：床位费；护理服务费；护理设备使用费；护理耗材费	300元/人
	居民长期护理保险		

资料来源：笔者根据各试点城市政府官网整理而得。

7.3 财政补贴动态调整机制构建

7.3.1 财政补贴动态调整机制的理论分析

长期护理保险财政补贴动态调整机制的构建需要解决调整频率、调整时机和调整幅度三个核心问题。为了实现财政补贴调整的及时性和灵活性，本书将调整频率设定为每年年初调整一次。政府作为长期护理保险制度的重要筹资主体之一，在从制度试点到实现全国范围内推广的过程中要投入大量资金，但这并不意味着政府投入的资金越多越好。过多的财政补贴不但给政府带来巨大的财政支出压力，而且会掠夺政府在其他社会和经济发展领域的投资。调整时机的选择主要取决于构建财政补贴动态调整机制的目标，并且财政补贴规模应该与经济发展水平适度。实施长期护理保险制度的目的在于实现老龄化社会下的经济可持续发展（Feder J & Komisar H L，2000），本书将 GDP 增长率作为财政补贴动态调整机制构建所要达到的目标，并结合适度保障理论和灾难性支出发生率指标构建目标保障水平区间。基本思路是：首先，基于适度保障理论和灾难性支出发生率指标构建适度保障水平模型；然后，构建长期护理保险基金运行模型；最后，确定以经济增长为核心的长期护理保险财政补贴优化目标，并测算财政补贴调整幅度问题，即每次调整中财政补贴力度的大小。

7.3.2 适度保障水平模型

为了达到长期护理保险的政策目标，即避免保障水平过低导致制度形同虚设和保障水平过高引发道德风险，构建适度保障水平模型，本书借鉴穆怀中（1997）对社会保障水平系数模型的建模思想，将人均长期护理保险基金支出额占人均国内生产总值的比重作为长期护理保险保障水平系数。借鉴李亚青（2017）对灾难性支出发生率的定义，将人均自费护理支出占人均可支配收入之比作为灾难性支出发生率。以人均可支配收入水平作为中间变量，长期护理保险适度保障水平模型可以表示为：

$$S_t^n = \frac{SL_t^n}{W_t^n} \times \frac{W_t^n}{G_{t-1}(1+\theta)}$$

$$= \frac{C_t^n - O_t^n}{W_t^n} \times \frac{W_t^n}{G_{t-1}(1+\theta)}$$

$$= \left(\frac{C_t^n}{W_t^n} - CPH^i\right) \times \frac{W_t^n}{G_{t-1}(1+\theta)} \quad (7.1)$$

式中：S_t^n 表示第 t 年第 n 类长期护理保险保障水平系数；SL_t^n 表示第 t 年第 n 类长期护理保险基金人均支出额；G_{t-1} 表示上一年度人均国内生产总值；θ 表示经济增长率；W_t^n 表示第 t 年第 n 类参保人人均可支配收入水平；C_t^n 表示第 t 年第 n 类参保人人均护理费用；O_t^n 表示第 t 年第 n 类参

人人均自费护理支出；CPH^i ($i=1,2$)表示灾难性支出发生率，当$i=1$时，CPH^1表示灾难性支出发生率上限，当$i=2$时，CPH^2表示灾难性支出发生率下限。借鉴多数学者对医疗保险适度水平的定义（刘石柱等，2011；赵郁馨等，2004），本书将灾难性支出发生率$CPH^1 = 15\%$时的保障水平系数作为适度水平上限，将灾难性支出发生率$CPH^2 = 40\%$时的保障水平系数作为适度水平下限。为了避免保障水平过高引发道德风险，本书将共付率设定为10%，即长期护理保险适度保障水平上限为90%。

7.3.3 长期护理保险基金运行模型

本章基于前文对人口系统及试点地区长期护理基金收支系统的分析，构建长期护理保险基金运行模型。同时，模型的构建在满足人口子系统假设基础上，还建立在如下假设基础上：第一，在预测年度内，同一参保人不存在不同参保类型间的转换；第二，忽略统筹基金的管理费用和结余基金的利息收入。

1. 人口演化模型

人口数量是影响长期护理保险基金系统运行的核心因素，在整个系统中用以描述人口的存量状态。沿用人口统计中将15～49岁作为女性育龄区间的做法，将第t年新出生人口数量的演化规律表示为：

$$POP_{t,0}^j = \sum_{i=15}^{49} POP_{t-1,i}^2 \times R_i \times \lambda_j \tag{7.2}$$

式中：j表示性别，当$j=1$时表示男性，当$j=2$时表示女性；i（$0 < i \leqslant 100$且为整数）表示年龄；$POP_{t-1,i}^2$表示第$t-1$年i岁女性人口数量；R_i表示i岁女性的生育率；λ_j表示新生儿的性别比。

用D_i^j表示性别为j的i岁人口的死亡率，其他各年龄的人口数量演化规律可以描述为：

$$POP_{t,i}^j = POP_{t-1,i}^j \times (1 - D_i^j) \tag{7.3}$$

结合式（7.2）和式（7.3），第 t 年的人口总数量可以表示为：

$$POP_t = \sum_{j=1}^{2} \sum_{i=0}^{100} POP_{t,i}^{j} \tag{7.4}$$

2. 基金收入模型

用 n 表示参保类别，$Insured_t^n$ 表示参保人数，$\bar{s}$ 表示人均财政补贴，IR_t^* 表示财政补贴外的其他基金收入，则长期护理保险基金收入（IR_t^n）可以表示为：

$$IR_t^n = \sum Insured_t^n \times \bar{s} + IR_t^* \tag{7.5}$$

参保人数与劳动年龄人口数量、劳动参与率及城镇化水平有关，借鉴王金营（2012）的划分方法，将 15～64 岁作为劳动年龄人口，第 t 年的职工长期护理保险和居民长期护理保险参保人数分别表示为：

$$Insured_t^1 = \sum_{j=1}^{2} \sum_{i=15}^{64} POP_{t,i}^{j} \times LR_t \times \eta \tag{7.6}$$

$$Insured_t^2 = \sum_{j=1}^{2} \sum_{i=0}^{100} POP_{t,i}^{j} \times R_t \times (1-\eta) \tag{7.7}$$

式中，$Insured_t^1$ 表示职工长期护理保险参保人数，$Insured_t^2$ 表示居民长期护理保险参保人数，LR_t 表示劳动参与率，η 表示城镇化率，R_t 表示居民医疗保险参保率。

3. 基金支出模型

长期护理保险基金支出表示为：

$$ER_t^n = \sum S_t^n \times C_t^n \times TN_t^n \tag{7.8}$$

式中，TN_t^n 表示第 t 年第 n 类参保人享受待遇人数。随着经济社会发展，人均护理费用根据每年的增长（r）情况而调整，可以表示为：

$$C_t^n = C_{t-1}^n \times (1+r) \tag{7.9}$$

享受待遇人数则与失能率和制度的保障范围有关，表示为：

$$TN_t^n = Insured_t^n \times DR_t^n \times f_t^n \qquad (7.10)$$

式中，DR_t^n 表示第 t 年第 n 类参保人的失能率；f_t^n 表示第 n 类长期护理保险保障范围。

7.3.4 基于经济增长的财政补贴动态调整机制

1. 经济系统的投入与产出

借鉴马树才（2005）的研究成果，本书选用美国经济学家保罗·道格拉斯和查理·柯布提出的生产函数反映包含财政补贴的经济系统投入与产出的数量关系，其一般形式表达为：

$$Y = AK^\alpha L^\beta s^\gamma \qquad (7.11)$$

式中，A 表示技术常数，K 表示资本投入，L 表示劳动力投入，s 表示长期护理保险财政补贴投入，α、β 和 γ 分别表示资本、劳动力和财政补贴投入的产出弹性。假设生产规模报酬不变，即 $\alpha + \beta = 1$，在资本、劳动力和财政补贴的增长率分别为 ΔK、ΔL 和 Δs 的情况下，第 t 年的柯布—道格拉斯生产函数的线性形式为：

$$Y_t = A\left[K_{t-1}(1+\Delta K_t)\right]^\alpha \left[L_{t-1}(1+\Delta L_t)\right]^{1-\alpha} \left[s_{t-1}(1+\Delta s_t)\right]^\gamma \qquad (7.12)$$

2. 基于经济增长的财政补贴动态调整模型

基于经济增长的财政补贴动态调整的实质是在制度发展完善过程中，为了实现经济增长目标对筹资结构进行优化调整过程中，通过财政补贴这一政策干预手段，增加筹资优化的灵活性和可操作性，并最终达到长期护理保险基金收支均衡的可持续发展状态。提高保障范围是制度从试点到全面推广工作中的重要环节，也是长期护理基金支出需求扩张的主要因素。为了实现基金收支平衡，需要在既定经济增长目标下对财政补贴、劳动力和资本投入进行调整，通过传导作用对基金收入产生影响，从而使基金收入满足支出需求。长期护理保险制度运行系统涉及的变量众多，并且随着社会经济发展和系统运行，系统内相互关联的各个变量也会发生相应变化，从而形成了一个具有多重反馈特征的复杂的长期护理保险制度运行闭环系统。为了更清晰地展示系统中各个变量间的关系，笔者以青岛市为例绘制了职工长期护理保险财政补贴动态调整系统动力学模型（见图7.2）。

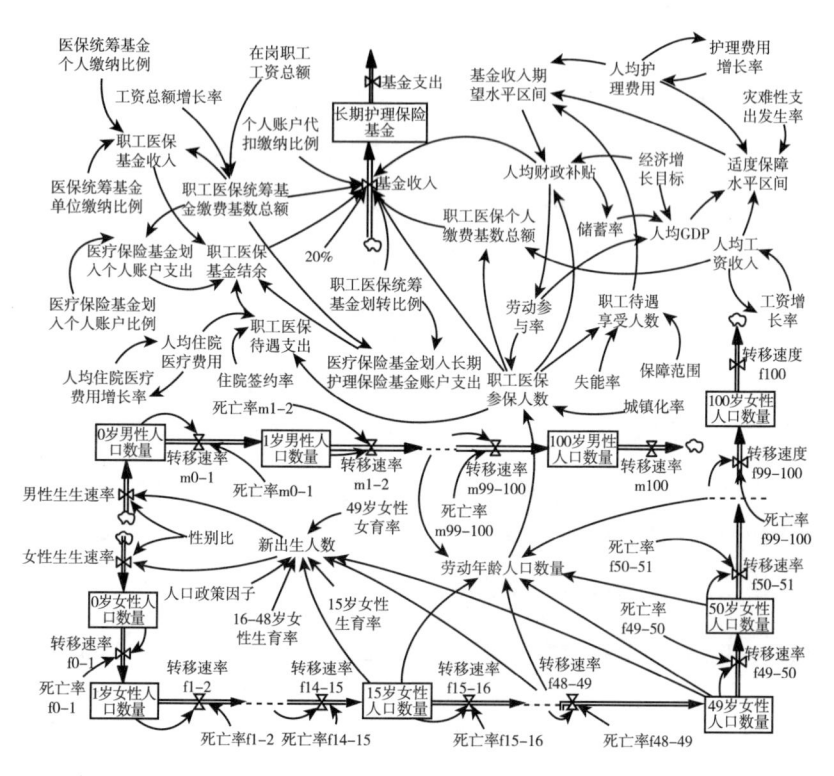

图7.2 青岛市职工长期护理保险财政补贴动态调整系统动力学模型

基于既定经济增长目标，在资本、劳动力和财政补贴变动率最小的前提下实现满足护理基金支出需求的筹资优化调整，即为最佳的调整方案，此时的财政补贴力度即为基于经济增长的财政补贴动态调整所要达到的政策目标。不考虑财政支出压力，建立以经济增长为目标的长期护理保险财政补贴动态调整非线性规划模型如下：

$$\min \Delta = (\Delta K_t + \Delta L_t + \Delta s_t) \tag{7.13}$$

$$\text{s.t.} \quad Y^* = A\left[K_{t-1}(1+\Delta K_t)\right]^\alpha \left[L_{t-1}(1+\Delta L_t)\right]^{1-\alpha}\left[s_{t-1}(1+\Delta s_t)\right]^\gamma \tag{7.14}$$

$$\overline{\mathrm{IR}_t^n} = ER_t^n = \sum S_t^n \times C_t^n \times TN_t^n \tag{7.15}$$

7.4 财政补贴动态调整机制的实践检验

7.4.1 参数设置

本书以 2018 年为基年,以青岛市社会经济发展实际数据为依据进行参数设置,将 2019 年作为测算起点,2050 年作为结束时点。借鉴张鹏飞和仇雨临(2018)的人口参数设置方法,根据青岛市第六次人口普查数据中按年龄组划分的人口数量、性别比和人口生命表,测算以后各年分年龄的人口数量,所得人口总数量与青岛市的实际人口总数量较为接近(见表 7.3),表明人口模型与参数设置能够模拟现实人口系统的演化规律。因此,将该模型测算的 2018 年各年龄人口数量作为人口参数的初始值。

表 7.3 　2011~2018 年青岛市人口数量　　　　单位:万人

年份	人口总量 实际值	人口总量 预测值	年份	人口总量 实际值	人口总量 预测值
2011	879.51	878.52	2015	909.70	910.82
2012	886.85	886.48	2016	920.40	921.12
2013	896.41	895.33	2017	929.05	930.62
2014	904.62	904.87	2018	939.48	940.24

资料来源:《2019 青岛市统计年鉴》和笔者计算整理。

青岛市并未公布育龄女性分年龄的生育率,因此本书假设青岛市育龄女性的生育率服从全国育龄妇女的生育比例,故采用国家统计局摘取的不同育龄女性的生育率作为参数计算新增人口数量(见表 7.4)。引入人口政策因子，分别测算不同生育政策下的人口演化及长期护理保险财政补贴动态调整情况。将中国保监会发布的《中国人身保险业经验生命表（2010－2013）》作为本书的死亡率数据[①]。假设青岛市劳动参与符合全国劳动力供给情况，借鉴王金营（2012）的研究成果进行推算，2018年青岛市的劳动参与率为74.4%，并以每年0.2个百分点下降。过去几十年青岛市在城镇化建设中取得了巨大成就，考虑到全国城市逐渐从增量扩张进入存量优化的大趋势，假设预测年度内青岛的城镇化率维持在2018年74.12%的水平不变。根据青岛市统计局公布的统计年鉴数据显示，2018年青岛市人均地区生产总值为128459元，职工医保个人缴费基数为68197元，在岗职工工资总额为2251.7亿元。

表7.4　　　　　　　　我国各年龄育龄女性生育率

年龄	生育率	年龄	生育率	年龄	生育率	年龄	生育率
15	0.0007	24	0.0948	33	0.0401	42	0.0046
16	0.002	25	0.0965	34	0.0339	43	0.0037
17	0.0058	26	0.0961	35	0.0261	44	0.0029
18	0.0111	27	0.0886	36	0.0209	45	0.0027
19	0.0178	28	0.0845	37	0.0174	46	0.0024
20	0.0348	29	0.0764	38	0.0135	47	0.0024
21	0.057	30	0.0623	39	0.0104	48	0.0023
22	0.0734	31	0.0559	40	0.0082	49	0.0024
23	0.0929	32	0.0466	41	0.0062		

资料来源：国家统计局官网，http://www.stats.gov.cn/.

根据《青岛市社会医疗保险办法》和《青岛市长期护理保险暂行办法》规定，职工医保统筹基金划转比例为0.5%，医保个人账户代扣比例为0.2%，医保统筹基金单位缴纳比例为9%，医保统筹基金个人缴纳比例为2%；医保基金划入个人医保账户比例取四类参保群体计入个人医保账户比例均值2.93%。笔者借鉴李亚青（2017）住院率和人均

[①] 中国保监会关于发布《中国人身保险业经验生命表（2010－2013）》的通知［EB/OL］. http://www.cbirc.gov.cn/cn/view/pages/ItemDetail.html?docId=372677&itemId=925&generaltype=0.

医疗费用的测算方法，根据青岛市社会保险事业局信息统计与标准化管理处的公开信息，测算本书的住院签约率为 5.2%，人均住院医疗费用为 8621.31 元/年。人均住院医疗费用增长受参保人口住院治疗需求增加和医疗技术进步引致费用上涨两方面因素的综合影响，借鉴张梦瑶的测算思路，将测算期间的人均住院费用增长率设定为 12%[①]。1987~2018 年，青岛市城镇就业单位平均货币工资的年均增长率为 13.26%，平均实际工资的年均增长率为 7.63%，由于工资增长率在多种宏观经济因素的影响下并不一定能够持续保持这样的增速，借鉴 1994 年劳动部课题组的研究成果，将工资增长率设定为 8%[②]。借鉴浙江大学米红教授团队和 Cepar-UNSW 研究团队对青岛市 24000 个长期照料微观样本的调查，按照每周三天服务计算，将人均护理费用设定为 64934 元/年[③][④]。目前，缺乏对青岛市失能率的统计数据，本书将中国老年人失能率作为替代指标值，借鉴丁华和严洁（2018）的测算结果，失能率指标设定为 12.99%。现阶段青岛市长期护理保险保障范围约为 10%，假设保障范围每年提升 10 个百分点，到 2028 年实现长期护理保障全覆盖。1978~2018 年间，青岛市人均地区生产总值增长率为 10.63%，在 2010 年以前，处于迅猛增长时期，在 2010 年最高达到 14.4% 后稳定持续回落[⑤]。考虑到预测周期较长，以及新常态下我国经济增长趋势放缓，笔者借鉴李姗姗的研究思路并结合青岛市经济发展水平[⑥]，分别测算经济增长率为 8%、10% 和 12% 目标水平下的财政补贴动态调整幅度。

[①] 张梦瑶. 城镇职工基本医疗保险基金收支失衡与应对策略研究 [D]. 沈阳：辽宁大学，2018.

[②] 1994 年，劳动部课题组在全国城镇职工 2000~2050 年养老保险预测中采用的工资增长率是 8%。

[③] 陈秉正. 中国养老金发展报告 2017——长期护理保险试点探索与制度选择 [M]. 北京：经济管理出版社，2017.

[④] Lu B, Mi H, Zhu Y, Piggott J. A sustainable long-term health care system for aging China: A case study of regional practice [J]. Health Systems & Reform, 2017, 3 (3): 182-190.

[⑤] 李姗姗. 中国工资调整指数研究 [D]. 沈阳：辽宁大学，2009.

[⑥] 根据 1978~2018 年的《青岛统计年鉴》计算所得。

7.4.2 适度保障水平区间测算结果

适度保障水平的动态变化依赖于护理费用、收入水平以及 GDP 的动态变化,本书分别测算了护理费用增长率为 10%、12% 和 15% 情形下经济增长目标分别为 8%、10% 和 12% 时的长期护理保险适度保障水平上下限区间。限于篇幅,笔者仅列出了护理费用增长率为 12% 情形下经济增长目标分别为 8%、10% 和 12% 时的适度保障水平区间,以及经济增长目标为 10% 时护理费用增长率为 10%、12% 和 15% 情形下的适度保障水平区间。在护理费用增长率为 12% 情形下(见表 7.5 和图 7.3),当经济增长目标较高时(12%),各年度的适度保障上下限水平变动较为平稳,适度保障水平上限不超过 50%,适度保障水平下限不低于 30%,按各年平均计算的适度保障水平区间为(38.23%,45.93%)。当经济增长目标较低时(8%),适度保障水平上限分别于 2037 年和 2040 年达到共付率约束下的最高水平 90%,按各年平均计算的适度保障水平区间为(67.70%,75.78%)。

表 7.5　　　　　不同经济增长目标下的适度保障水平区间

（护理费用增长率为 12%）　　　　　　单位:%

年份	经济增长率 8% 上限	经济增长率 8% 下限	经济增长率 10% 上限	经济增长率 10% 下限	经济增长率 12% 上限	经济增长率 12% 下限
2019	44.46	31.19	43.65	30.62	42.87	30.07
2020	46.40	33.13	44.73	31.93	43.14	30.80
2025	57.24	43.97	50.34	38.67	44.37	34.09
2030	70.24	56.97	56.36	45.71	45.40	36.82
2035	85.84	72.57	62.84	53.12	46.26	39.10
2040	90.00	90.00	69.82	60.96	46.97	41.01
2045	90.00	90.00	77.37	69.28	47.57	42.59
2050	90.00	90.00	85.55	78.17	48.06	43.92

资料来源:笔者计算整理。

表 7.6 和图 7.4 反映的是经济增长目标为 10% 时,不同护理费用增长率

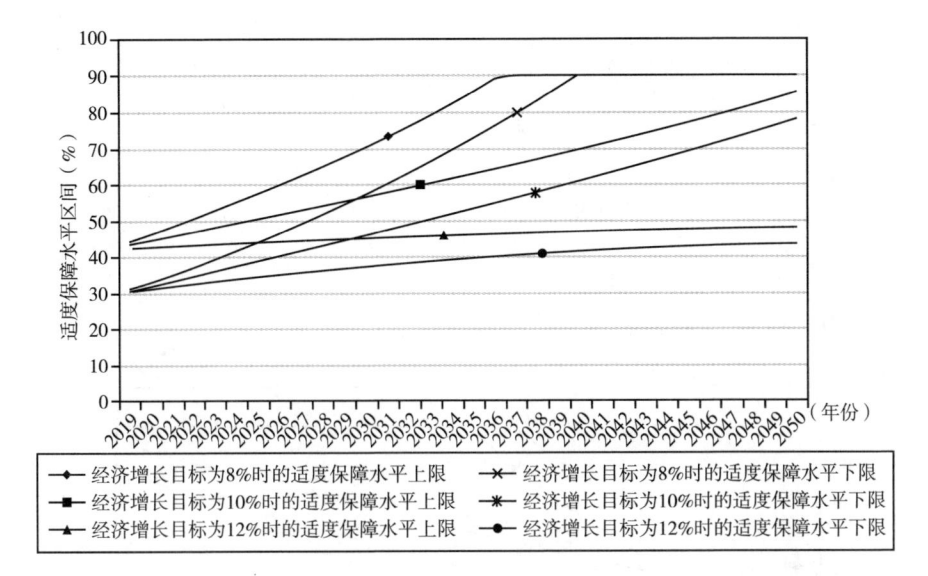

图 7.3　不同经济增长目标下的适度保障水平区间（护理费用增长率12%）

情形下的适度保障水平区间。由表 7.6 和图 7.4 可知，在经济增长目标为 10% 情形下，护理费用增长率越高，各年度的适度保障上下限水平提升越快。在护理费用增长率为 15% 情形下，按各年平均计算的适度保障水平区间为（73.54%，78.94%）。在护理费用增长率为 12% 情形下，适度保障水平上下限区间分别以年均 1.53 个和 1.35 个百分点的速度上涨，由最初的（30.62%，43.65%）提升至（78.17%，85.55%），保障水平上限始终低于青岛市现行的 90% 的报销水平。在护理费用增长率为 10% 的情形下，各年度的适度保障上下限水平变动幅度不大，由最初的（29.70%，42.73%）提升至（38.74%，46.12%），按各年平均计算的适度保障水平区间为（34.63%，44.58%）。

表 7.6　不同护理费用增长率情形下的适度保障水平区间

（经济增长目标为 10%）

单位：%

年份	护理费用增长率10% 上限	护理费用增长率10% 下限	护理费用增长率12% 上限	护理费用增长率12% 下限	护理费用增长率15% 上限	护理费用增长率15% 下限
2019	42.73	29.70	43.65	30.62	45.03	32.00
2020	42.87	30.08	44.73	31.93	47.57	34.78
2025	43.55	31.87	50.34	38.67	62.00	50.32

续表

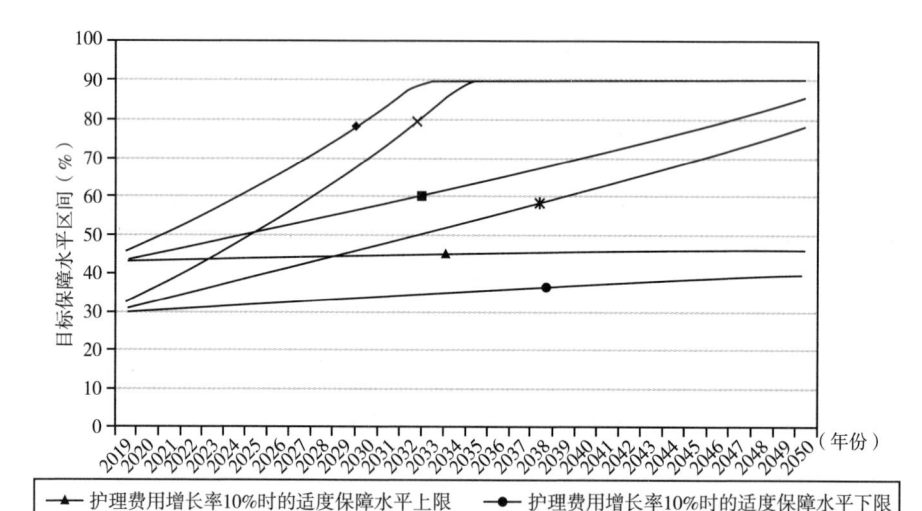

年份	护理费用增长率10%		护理费用增长率12%		护理费用增长率15%	
	上限	下限	上限	下限	上限	下限
2030	44.16	33.51	56.36	45.71	79.78	69.13
2035	44.72	35.00	62.84	53.12	90.00	90.00
2040	45.23	36.37	69.82	60.96	90.00	90.00
2045	45.70	37.61	77.37	69.28	90.00	90.00
2050	46.12	38.74	85.55	78.17	90.00	90.00

资料来源：笔者计算整理。

图 7.4　不同护理费用增长率下的适度保障水平区间（经济增长目标 10%）

可见，经济增长越慢，长期护理费用增长越快，人们对保障水平的需求也越高。这表明在经济增长水平较高或者护理费用增长缓慢的情况下，人们有足够能力通过家庭化解长期护理风险，而不必过多依靠政府提供的长期护理保障；在经济增长疲软或者护理费用增长较快的情形下，如果要让长期护理保险达到应有的制度目标，将灾难性支出发生率控制在一定的范围内，不能盲目依赖待遇水平的提高，而是应当在提高资金使用效率等方面下功夫。

7.4.3 长期护理保险基金支出需求

笔者首先依据人口模型、失能率和保障范围等指标，得到制度保障范围扩大过程中长期护理保险待遇人数；然后根据不同经济增长目标和护理费用增长率条件下的适度保障水平区间计算出长期护理保险基金支出需求数量。限于篇幅，本书只展示了护理费用增长率为12%和经济增长目标为10%情形下的测算数据（见表7.7和表7.8）。目前享受长期护理保险待遇的只是青岛市众多失能老人中最严重的部分[1]。随着制度的推广，在实现保障范围全覆盖以前，待遇人数增加速度较快，一方面是因为随着人口老龄化程度加剧，老年人口的基础数量增加，失能人口数量也随之增加；另一方面是随着保障范围的扩大，享受待遇的失能人数也越来越多。待实现保障全覆盖以后，待遇人数增长速度放缓，增长原因全部为人口老龄化导致的老年人口数量增加。与已有的"长期护理保险全面推广会快速增加制度成本"的结论不同（Morgan S G et al.，2015），在制度推广初期，三种经济增长目标及三种护理费用增长率条件下的基金支出需求并未表现出快速增长趋势，这是因为现阶段制度的待遇水平过高（报销比例高达90%），自付护理费用仅为护理成本（64934元）的10%，与职工人均工资之比为9.5%，远远低于灾难性支出发生率的下限。

表7.7　待遇人数及不同经济增长目标下的基金支出需求
（护理费用增长率为12%）

年份	保障范围	待遇人数（万人）	经济增长率8%（亿元）上限	经济增长率8%（亿元）下限	经济增长率10%（亿元）上限	经济增长率10%（亿元）下限	经济增长率12%（亿元）上限	经济增长率12%（亿元）下限
2019	10%	4.85	28.86	20.24	28.34	19.88	27.83	19.52
2020	20%	9.61	67.63	48.28	65.19	46.54	62.88	44.90

---

[1] 陈秉正.中国养老金发展报告2017——长期护理保险试点探索与制度选择[M].北京：经济管理出版社，2017.

续表

年份	保障范围	待遇人数（万人）	经济增长率8%（亿元）上限	下限	经济增长率10%（亿元）上限	下限	经济增长率12%（亿元）上限	下限
2025	70%	32.10	512.25	393.47	450.50	346.05	397.12	305.04
2030	100%	44.24	1548.39	1255.82	1242.37	1007.63	1000.80	811.70
2035	100%	42.44	3241.73	2740.50	2373.04	2006.13	1746.92	1476.82
2040	100%	39.97	5822.82	5822.82	4517.26	3943.78	3038.91	2653.11
2045	100%	37.50	9995.32	9995.32	8592.70	7694.59	5282.58	4730.44
2050	100%	34.94	17031.11	17031.11	16188.55	14792.39	9094.88	8310.50

资料来源：笔者计算整理。

表7.8　待遇人数及不同护理费用增长率下的基金支出需求
（经济增长目标为10%）

年份	保障范围	待遇人数（万人）	护理费用增长率10%（亿元）上限	下限	护理费用增长率12%（亿元）上限	下限	护理费用增长率15%（亿元）上限	下限
2019	10%	4.85	27.24	18.94	28.34	19.88	30.01	21.33
2020	20%	9.61	60.28	42.29	65.19	46.54	73.10	53.44
2025	70%	32.10	343.51	251.43	450.50	346.05	667.58	541.89
2030	100%	44.24	784.14	595.04	1242.37	1007.63	2415.17	2092.81
2035	100%	42.44	1243.25	973.14	2373.04	2006.13	5327.15	5327.15
2040	100%	39.97	1968.62	1582.82	4517.26	3943.78	10415.73	10415.73
2045	100%	37.50	3119.97	2567.83	8592.70	7694.59	20405.70	20405.70
2050	100%	34.94	4903.37	4118.99	16188.55	14792.39	39682.32	39682.32

资料来源：笔者计算整理。

在经济增长水平较高（10%和12%）和护理费用增长率较低（10%和12%）的情况下，适度保障水平上限始终低于青岛市目前执行的90%的保障水平，长期护理保险基金支出需求增加主要源于提高保障范围后待遇人数的增加。随着经济增长水平放缓和护理费用增长率的提高，家庭化解长期护理资金风险的能力降低，需要得到长期护理保险更多的保障，因此随着适度保障水平的提高及待遇人数的增加，长期护理保险基金支出也出现了较大增长。经济增长水平放缓和护理费用增长率的提高，均会导致适度保障水平的提高，人们对长期护理保险基金的支出需求将呈几何级增长，如果想实现长期护理保险财务可持续发展，应着力提高经济增长水平，并加强对长期护理费用的控制。

7.4.4 个人筹资责任不变时的财政补贴动态调整

基于适度保障水平区间和三种护理费用增长率假设下测算的长期护理保险制度保障范围逐渐扩大过程中的基金支出需求区间，可以确定各年基金收入期望目标范围；再将基金收入期望目标范围与财政补贴前的长期护理保险基金收入之间的偏差，作为财政补贴的干预空间，测算相应的人均财政补贴额度。限于篇幅，本书仅列出了部分测算结果，如表7.9和表7.10所示。

表7.9　　　　不同经济增长目标下的财政补贴动态调整

（护理费用增长率为12%）　　　　　　　　单位：元

年份	个人责任	人均财政补贴		
		经济增长率8%	经济增长率10%	经济增长率12%
2019	70.78	0.00	0.00	0.00
2020	76.26	0.00	0.00	0.00
2025	112.57	1168.78	2691.42	3069.34
2030	169.06	4306.82	5520.93	6705.46
2035	255.53	6652.31	9506.95	99608.01
2040	386.23	10506.11	14133.56	22154.80
2045	582.63	16150.57	23324.62	39703.03
2050	885.44	25667.22	43951.74	64088.71

资料来源：笔者计算整理。

表 7.10　　　不同护理费用增长率下的财政补贴动态调整

（经济增长目标为 10%）　　　　　　　　　　　单位：元

年份	个人责任	人均财政补贴		
		护理费用增长率10%	护理费用增长率12%	护理费用增长率15%
2019	70.78	0.00	0.00	0.00
2020	76.26	0.00	0.00	0.00
2025	112.57	2477.25	2691.42	3251.16
2030	169.06	4886.91	5520.93	6043.04
2035	255.53	9057.2	9506.95	12286.18
2040	386.23	100721.10	14133.56	18530.26
2045	582.63	19839.91	23324.62	27444.12
2050	885.44	37892.71	43951.74	48501.36

资料来源：笔者计算整理。

在制度运行初期，由于保障范围狭窄，在较低的经济增长目标下，长期护理保险基金不需要财政补贴就能够完全满足适度保障水平下的待遇保障支出需求。在经济增长率8%的情形下，当保障范围扩大至80%时，基金收入期望目标与财政补贴前的基金收入之间出现偏差，需要在政府的财政补贴干预下才能够实现基金收支平衡。在其他护理费用增长率情形下，分别在保障范围提升至60%和50%时开始需要财政补贴才能够实现基金收支平衡。实现制度全覆盖之前，在保障范围扩张和护理费用增长的双重作用下，人均财政补贴增长速度较快。护理费用增长率越高，财政补贴在人均筹资中占比的增长速度越快，2028年以前，三种护理费用增长率情形下，财政补贴占比分别以每年约3.95个百分点、4.68个百分点和5.92个百分点的速度快速增长；2028年以后财政补贴占比则分别以每年约0.78个百分点、0.69个百分点和0.56个百分点的速度缓慢增长。这是因为随着护理费用快速增长，家庭化解长期护理风险的能力相对降低，需要政府提供更多帮助，因此适度保障水平提高，对基金支出和财政补贴的需求也相应增加。2028年前青岛市长期护理保险为了实现全覆盖，需要逐年提高保障范围，为了达到适度保障水平，财政补贴占比增长速度较快，一旦实现制度全覆盖，财政补贴占比增长速度将趋于稳定。这是因为在提高保障范围过程中，长期护理保险基金支出需求快速增加，基金收支存在较大缺口，需要财政补贴给予弥补，待实现制度全覆盖，筹资水平和待遇人数增长均将趋于稳定。

7.4.5 个人筹资责任提高时的财政补贴动态调整

本章主要测算长期护理保险制度运行过程中个人筹资责任和保障范围逐渐扩大情况下的人均财政补贴情况。假定在现阶段实行的筹资模式基础上，从2020年开始，个人缴纳比例为缴费基数的0.5%，以后每年上涨0.1个百分点，到2025年达到1%，并维持这一水平至以后各年不同经济增长目标下和不同护理费用增长率下的财政补贴动态调整测算结果如表7.11和表7.12所示。

表7.11　　　　不同经济增长目标下的财政补贴动态调整

（护理费用增长率为12%）　　　　　　　　　　单位：元

年份	个人责任	人均财政补贴		
		经济增长率8%	经济增长率10%	经济增长率12%
2019	70.78	0.00	0.00	0.00
2020	473.98	0.00	0.00	0.00
2025	1281.35	0.00	1522.64	1900.56
2030	1886.38	2589.5	3803.61	4988.14
2035	2778.83	4129.01	6983.65	97084.71
2040	4093.79	6798.55	10426.00	18447.24
2045	6030.25	10702.95	17877.00	34255.41
2050	78	17662.88	35947.40	56084.37

资料来源：笔者计算整理。

表 7.12　　　不同护理费用增长率下的财政补贴动态调整

（经济增长目标为 10%）　　　　　　　　　　单位：元

年份	个人责任	人均财政补贴		
		护理费用增长率10%	护理费用增长率12%	护理费用增长率15%
2019	70.78	0.00	0.00	0.00
2020	473.98	0.00	0.00	0.00
2025	1281.35	1308.47	1522.64	2082.38
2030	1886.38	3169.59	3803.61	4325.72
2035	2778.83	6533.90	6983.65	9762.88
2040	4093.79	97013.52	10426.00	14822.70
2045	6030.25	14392.29	17877.00	21996.50
2050	8889.78	29888.37	35947.40	40497.02

资料来源：笔者计算整理。

以护理费用增长率 12% 为例，随着个人筹资责任的提升以及长期护理保险保障范围的扩大，在经济增长率分别为 8%、10% 和 12% 三种情况下，分别当保障范围提升至 60%、50% 和 50% 时，长期护理保险基金需要获得政府的财政补贴才能够实现收支平衡，且经济增长目标越高，需要投入的财政补贴也越高。以经济增长目标为 10% 为例，在护理费用增长率为 10%、12% 和 15% 的情形下，长期护理保险制度实现保障全覆盖前后，财政补贴的变化趋势与个人筹资责任不变情况下一致，均表现为快速增长趋势。在 12%、15% 和 20% 三种护理费用增长率情形下，制度实现全覆盖前，财政补贴分别以 5.12 个百分点、5.87 个百分点和 6.26 个百分点的速度快速增长，略慢于个人筹资责任不变的情况；制度实现全覆盖以后，财政补贴占比则分别以每年约 0.46 个百分点、0.53 个百分点和 0.58 个百分点的速度缓慢增长。可见，在制度推广过程中即使增加个人筹资责任，如果护理费用增长过快，政府也将承担较重的财政补贴责任。因此，控制护理费用合理增长无疑成为制度实现可持续发展的重要环节。

7.5 敏感性分析

出生率是影响各类社会保险基金财务可持续性的关键因素，人口政策通过影响出生率直接影响未来人口结构和长期护理保险基金长期精算平衡，也是当下学术界和政策制定者普遍关心的问题。待遇水平在很大程度上影响了适度保障水平，继而影响了长期护理保险基金收入和支出状况。未来人口政策改变和待遇水平调整具有不确定性，为了给决策者提供更多参考，本书分别考察这两个因素变动对预测结果的影响。

7.5.1 人口政策改变对财政补贴动态调整的影响

在前文的测算中，笔者采用了现行人口政策下（人口政策因子为1）各年龄女性的生育率数据，考虑到人口老龄化的现实情况和未来我国可能实行刺激人口增长的人口政策取向，在其余因素保持不变的情况下，将人口政策因子调整至1.5，再按上述步骤进行测算，得出了一系列新的结果。限于篇幅，仅展示部分结果。

结果显示，在人口政策改变最初几年，人均财政补贴不随人口政策变化而变化。一方面是因为在人口政策因子提高初期，虽然新出生人口和人口总量增加了，但是劳动年龄人口并未随之增加，参保人口规模的改变滞后于人口政策的改变；另一方面是因为在保障范围较窄时，在不需要财政补贴干预的情况下就能实现基金的收支平衡。以护理费用增长率12%为例，当个人筹资责任不变时，在经济增长率为8%的情况下，从2028年开始，随着刺激人口增长政策的实施，人均财政补贴逐年递增，在经济增长率为10%和12%的情况下，从2025年开始需要财政补贴的干预下才能实现长期护理保险基金收支平衡（见表

7.13）。经济增长率目标越高，人均财政补贴力度越大，但财政补贴占比提升的幅度降低。在经济增长目标分别为8%、10%和12%的情况下，财政补贴在人均筹资中的占比平均提升幅度分别为2.31%、1.96%、1.32%。

表7.13 个人筹资责任不变时不同经济增长目标下的财政补贴动态调整（护理费用增长率为12%） 单位：元

年份	个人责任	人均财政补贴		
		经济增长率8%	经济增长率10%	经济增长率12%
2019	70.78	0.00	0.00	0.00
2020	76.26	0.00	0.00	0.00
2025	112.57	0.00	1015.93	1267.04
2030	169.06	1726.33	2135.74	2625.27
2035	255.53	2572.67	3655.77	4723.14
2040	386.23	4032.36	5069.67	7298.16
2045	582.63	6935.30	8911.21	10836.94
2050	885.44	9775.25	11964.93	17389.58

资料来源：笔者计算整理。

在个人筹资责任逐步提高的情况下，总体来看，政府需要对长期护理保险基金进行财政补贴的时间有所推迟，且人均财政补贴力度有大幅下降。在经济增长率为8%、10%和12%三种情况下，分别于2040年、2034年和2030年才出现对财政补贴的需求（见表7.14）。与个人筹资责任不变的情况相同，在个人筹资责任逐步提高的情况下，依然表现出经济增长率目标越高，人均财政补贴力度越大，但财政补贴占比提升幅度降低的变化特征。在经济增长率为8%、10%和12%三种情况下，财政补贴在人均筹资中的占比平均提升幅度分别为1.23%、1.06%、1.02%。可见，实行刺激人口增长的政策并不能减轻长期护理保险基金的支付压力和政府的财政补贴压力，提高个人筹资责任是未来解决长期护理保险基金持续运行的重要关节，应该成为未来政策改革优化的重要方向。

表7.14　个人筹资责任提高时不同经济增长目标下的财政补贴动态调整（护理费用增长率为12%）

单位：元

年份	个人责任	人均财政补贴		
		经济增长率8%	经济增长率10%	经济增长率12%
2019	70.78	0.00	0.00	0.00
2020	473.98	0.00	0.00	0.00
2025	1281.35	0.00	0.00	0.00
2030	1886.38	0.00	0.00	608.49
2035	2778.83	0.00	1000.32	2199.84
2040	4093.79	324.80	1362.11	3590.60
2045	6030.25	1487.68	3463.59	5389.32
2050	8889.78	1770.91	3960.59	9385.24

资料来源：笔者计算整理。

7.5.2　待遇水平改变对财政补贴动态调整的影响

日本在2000年引入了长期护理保险制度。在制度实施初期，主要关注制度覆盖面的扩张及各类护理需求的供给问题，而未将支出成本作为重点议题。三年之后，长期护理保险支出成本增长过快，促使日本进行了一系列以"开源节流"为核心的制度改革。德国和韩国在长期护理保险制度建立初期，非常关注护理费用的控制，在待遇水平上并不如日本表现得慷慨，从而保证了制度的可持续运行。考虑到青岛市目前的待遇水平可能偏高，未来报销比例可能下调，为此，本书将共付率调整为30%，即适度保障水平上限调整至70%，其他参数值不变，对两个方案下的财政补贴问题进行了新的预测（见表7.15和表7.16）。

表 7.15　个人筹资责任不变时不同经济增长目标下的财政补贴动态调整（护理费用增长率为12%）　　单位：元

年份	个人责任	人均财政补贴		
		经济增长率8%	经济增长率10%	经济增长率12%
2019	70.78	0.00	0.00	0.00
2020	76.26	0.00	0.00	0.00
2025	112.57	0.00	0.00	1267.04
2030	169.06	1126.33	1535.45	2025.27
2035	255.53	2572.67	2855.35	3023.14
2040	386.23	4332.36	4869.55	5098.16
2045	582.63	6035.30	6311.33	7586.94
2050	885.44	8875.25	9264.93	10189.58

资料来源：笔者计算整理。

表 7.16　个人筹资责任提高时不同经济增长目标下的财政补贴动态调整（护理费用增长率为12%）　　单位：元

年份	个人责任	人均财政补贴		
		经济增长率8%	经济增长率10%	经济增长率12%
2019	70.78	0.00	0.00	0.00
2020	473.98	0.00	0.00	0.00
2025	1281.35	0.00	0.00	0.00
2030	1886.38	0.00	0.00	8.49
2035	2778.83	0.00	150.18	499.84
2040	4093.79	183.18	764.27	1390.60
2045	6030.25	489.96	1161.99	2139.32
2050	8889.78	870.91	1260.59	2185.24

资料来源：笔者计算整理。

分别对比表7.15和表7.9、表7.16和表7.11可以看出，无论是否提高个人筹资责任，待遇水平降低均能够使人均财政补贴额度明显降低，这在一定程度上能够减轻政府的财政压力。通过对比表7.16和表7.11可以发现，降低待遇水平后，随着个人筹资责任的提高，财政补贴在长期护理保险筹资中的占比有很大幅度下降。在制度运行初期，由于长期护理保险通过自身运转即能够实现基金收支平衡，因此在待遇水平降低初期对财政补贴几乎不产生影响，而在长期内，随着制度的持续运行，人均财政补贴明显降低，且在提高个人筹资责任的方案中，人均财政补贴在人均筹资额中的占比显著降低。在经济增长目标较低（8%）时，且护理费用增长率水平较高（15%）时，则表现出了不同的规律，在制度实现全覆盖时点前后，随着待遇水平的降低，财政补贴占比出现了短暂且小幅度的降低；而在长期内，财政补贴占比并未因待遇水平高低表现出差异。

7.6 本章小结

从制度试点到全面推广的过程中，长期护理保险能否建立起科学合理的个人责任和财政补贴分担动态调整机制，直接关系到筹资机制稳定性和整个体系的可持续发展。笔者梳理了试点地区长期护理保险制度运行的因果关系，结合适度保障水平理论和灾难性支出发生率指标建立长期护理保险适度保障水平模型，最终构建了职工长期护理保险基金运行动态复杂系统，仿真研究了个人筹资责任不变和个人筹资责任提高两种情况下的财政补贴动态调整幅度大小，得出了一系列有启示意义的结论。

（1）本章得到不同经济增长目标和不同护理费用增长率情形下的适度保障水平区间，从而确定了财政补贴的干预空间。

（2）本章对不同调整方案进行仿真模拟，并得出了一系列有政策参考价值的财政补贴动态调整结果。以经济增长目标为10%、护理费用增长率12%为例，在制度实现全覆盖之前，个人筹资责任不变情况下财政补贴占比以每年8.82%的速度增长，个人筹资责任提高情况下财政补贴占比以每年6.09%的速度增长；在制度实现全覆盖后，两种方案中财政补贴占比分别以每年1.05%和0.98%的速度缓慢增长。

（3）本章分别基于不同人口政策和待遇水平进行了敏感性分析，发现基于个人筹资责任不变的情况下，实行刺激增长的人口政策并不能减轻长期护理保险基金支付压力和政府财政补贴压力；待遇水平降低使人均财政补贴额度明显降低，但是财政补贴在人均筹资的占比依然处于较高水平。基于个人筹资责任提高的情况下，刺激人口增长和待遇水平降低的政策均能够有效缓解财政补贴压力过大问题。

第 8 章

结论与展望

8.1 研究结论

长期护理保险财政补贴经济效应及动态调整问题在现实中有广泛的实际应用背景，因此，在厘清长期护理保险财政补贴对生产要素的影响及其通过传导机制对宏观经济增长的作用机制基础上，以经济增长为目标构建长期护理保险财政补贴动态调整机制是一个非常重要的研究课题。本书基于国内外相关研究文献的梳理，界定了长期护理保险财政补贴动态调整相关概念，通过对长期护理保险制度建立背景分析、相关政策演进历程划分以及财政补贴特征提炼，揭示了长期护理保险财政补贴存在的问题，明确了本书的研究视角以及研究价值。在此基础上，首先，本书基于劳动供给理论及家庭劳动供给决策模型，对长期护理保险财政补贴影响劳动供给的作用机制进行了理论分析，并构建面板数据模型从微观角度测算了长期护理保险财政补贴对劳动参与率和劳动供给时间的影响效应，进一步通过 C-D 函数估计了劳动投入变动产生的经济增长效应，为长期护理保险财政补贴制度的设计给出了政策启示。其次，本书基于预防性储蓄理论，分析了长期护理保险财政补贴影响居民储蓄的作用机制，并构建面板数据模型测算了长期护理保险财政补贴对家庭储蓄率和家庭储蓄倾向的影响效应，并进一步估计了资本投入变动产生的经济增长效应。最后，鉴于对长期护理保险进行财政补贴会对个体及其家庭产生劳动供给效应和储蓄效应，并且这种影响将通过传导机制对经济增长产生影响，本书结合复杂系统理论，构建了以经济增长为目标的长期护理保险财政补贴动态调整系统动力学模型，并以青岛市职工长期护理保险为例，仿真分析了青岛市长期护理保险财政补贴调整力度大小，主要得出以下四个方面的结论。

（1）当前试点地区的长期护理保险财政补贴存在三个问题：第一，长期护理保险财政补贴力度低，优化劳动供给结构作用有限，财政补贴力度还有很大的提升空间；第二，长期护理保险财政补贴释放的居民预防性储蓄微弱；第三，长期护理保险财政补贴缺乏与经济发展水平相匹配的动态调整机制，不能及时有效地根据经济发展水平进行灵活调整。在《人力资源社会保障部办公厅关于开展长期护理保险制度试点的指导意见》中提到了"建立与经济社会发展和保障水平相适应的动态筹资机制"的工作思路，但未回答财政补贴调整的依据和目标是什么。目前实施长期护理保险制度的试点地区关于财政补贴如何进行动态调整并没有做出具体规定，因此，如何确定调整目标、调整时机以及调整幅度成为推进长期护理保险财政补贴创新的关键所在，对长期护理保险制度在全国范围的推广以及制度的长期稳定性产生深远影响。

（2）长期护理保险财政补贴增强了社会福利保障功能，社会福利保障功能增强减轻了生产要素的家庭福利负担，增加了生产要素的流动性，从而提高了要素的经济高效功能。对长期护理保险进行财政补贴将从劳动参与率和劳动供给时间两个方面产生劳动供给效应。长期护理保险财政补贴显著影响家庭照料者的劳动供给，总体上倾向于增加家庭照料者的劳动参与水平。长期护理保险财政补贴每提高1个单位，劳动参与率就提高0.053个单位，尤其对女性和提供较高级别照料水平的照料者的劳动参与率影响更为显著，而经 C-D 函数估计，劳动投入每增加 1%，经济增长就增加 0.422%；长期护理保险财政补贴对照料者的劳动供给时间也呈现出了较强的影响效应，财政补贴每提高 1 个单位，劳动供给时间就提高 0.065 个单位，倾向于激励家庭照料者增加劳动供给时间，并且也表现出了对女性和提供较高级别照料水平的照料者劳动供给时间影响更为强烈的特点。另外，长期护理保险财政补贴对家庭照料者劳动供给影响程度因护理强度不同而有所差异，被照料者的护理等级越高，对照料者的劳动参与率和劳动供给时间的影响效应越大。

（3）研究显示，长期护理保险财政补贴降低了人们的不确定性预期，不确定预期的降低减少了预防性储蓄动机，拉动了现期消费水平，提高了家庭的边际消费倾向。对长期护理保险进行财政补贴从家庭储蓄增长率和家庭储蓄倾向两个方面产生储蓄效应。财政补贴能够显著降低居民家庭储蓄增长，对长期护理保险筹资每增加 1 个单位的财政补贴，对居民家庭储蓄增长率降低就有 0.034 个单位的贡献。财政补贴对试点城市居民的家庭储蓄倾向起到了显著的抑制作用。对长期护理保险筹资每增加 1 个单位的财政补贴，对家庭边际储蓄倾向降低就有 0.042 个单位的贡献。储蓄是资本形成的资金来源，可以通过增加投资来刺激经济增长，而经 C-D 函数估计，资本投入每增加 1%，经济增长就增加 0.531%。

（4）对长期护理保险进行财政补贴，将通过劳动供给和储蓄等要素的传导机制对经济增长产生影响，因此，以经济增长为目标建立长期护理保险财政补贴动态调整机制是解决财政补贴问题的重要一环。长期护理保险财政补贴动态调整机制的构建需要解决调整频率、调整时机和调整幅度三个核心问题。根据长期护理保险现收现付的基金运行特征，将调整频率设定为每年年初调整一次；将 GDP 增长率作为财政补贴动态调整机制构建所要达到的政策目标，并结合适度保障理论和灾难性支出发生率指标构建适度保障水平区间，测算财政补贴力度大小，即调整幅度。通过测算结果可以看出：在经济增长水平较高或者护理费用增长缓慢的情况下，人们有足够能力通过家庭化解长期护理风险，而不必过多依靠政府提供的长期护理保障；在经济增长疲软或者护理费用增长较快的情形下，如果要让长期护理保险达到应有的制度目标，将灾难性支出发生率控制在一定的范围内，不能盲目依赖待遇水平的提高，而是应当在提高资金使用效率等方面下功夫。为了实现制度从试点到全面建制，长期护理保险的保障范围要逐年提高；为了达到制度目标，财政补贴在筹资中的占比增长速度将较快，一旦实现制度全覆盖，财政补贴占比增长速度就将趋于稳定。在制度推广过程中即使增加个人筹资责任，如果护理费用增长过快，政府也将承担较重的财政补贴责任。因此，控制护理费用合理增长无疑成为制度实现可持续发展的重要内容。

本书阐释了长期护理保险财政补贴影响个体/家庭劳动供给和照料安排决策及储蓄行为，并通过传导机制产生经济增长效应的内在运行规律，为从理论上建立起以经济增长为目标的长期护理保险财政补贴动态调整机制提供了新的视角，加深了对长期护理保险财政补贴问题的理论认识，形成了较为系统的研究问题体系——长期护理保险财政补贴经济效应及动态调整机制研究框架，为政府持续推进长期护理保险制度发展与优化、构建能够促进经济持续增长的财政补贴动态调整机制提供决策参考。

8.2　研究不足与展望

本书基于对长期护理保险财政补贴影响个人/家庭劳动供给和储蓄行为，并通过要素传导作用影响经济增长运行机制的梳理，构建了以经济增长为目标的长期护理保险财政补贴动态调整研究框架，并以青岛市职工长期护理保险为例进行了动态仿真模拟。本书在理论分析、实证分析和仿真分析方面都实现了一定程度的创新，并得出了一系列具有政策参考价值的结论。然而，长期护理保险财政补贴动态调整研究不仅是一个偏理论的学术问题，更是一个偏操作的实际问题，涉及社会科学的诸多方面，如经济学、社会学、人口学、统计学、财政学等，由于研究重点、所掌握的数据资料以及作者水平诸多因素的限制，本书存在两个方面的不足。

（1）本书实证分析部分数据来源局限，样本量偏少，难免出现样本选择偏差问题，丢失部分具有代表性的样本，降低了实证结果的普遍指导意义。要想使相关结论在全国范围内更具代表性，仍需要进一步扩充数据，增加实证分析的样本量，提高实证结果的精确性。

（2）本书仅以青岛市案例进行实证检验分析，未能就研究主旨再对其他试点地区的财政补贴力度进行测算，在今后的研究中还应将案例样本空间扩大，使本书提出的长期护理保险财政补贴经济效应及动态调整机制具有普适性，并成为可复制可推广的经验做法。

参 考 文 献

[1] 艾贺玲,黄萍. 老龄化背景下上海城镇职工医疗保险基金管理政策研究——基于系统动力学的分析 [J]. 中国卫生事业管理,2017,34 (9):656-660.

[2] 安平平,陈宁,熊波. 中国长期护理保险:制度实践、经验启示与发展走向——基于青岛和南通模式的比较分析 [J]. 中国卫生政策研究,2017,10 (8):1-6.

[3] 安秀梅. 财政学 [M]. 北京:中国人民大学出版社,2008.

[4] 曹信邦. 中国长期护理保险制度构建的理论逻辑和现实路径 [J]. 社会保障评论,2018,2 (4):75-84.

[5] 陈秉正. 中国养老金发展报告 2017——长期护理保险试点探索与制度选择 [M]. 北京:经济管理出版社,2017.

[6] 陈恩修. 现时缴费率下青岛市长期照护保险筹资和需求的平衡研究 [D]. 沈阳:辽宁大学,2019.

[7] 陈红. 北京发展商业长期护理保险的必要性及途径 [J]. 人口与经济,2012 (6):82-87.

[8] 陈慧. 我国居民储蓄行为研究 [D]. 大连:东北财经大学,2015.

[9] 陈凯,赵娜. 长期护理保险制度与区域经济发展协调度评价与优化 [J]. 金融理论与实践,2019 (6):87-93.

[10] 陈璐,徐南南. 中国长期护理保障制度的财政负担——基于德、日社会保险模式的测算 [J]. 保险研究,2013 (1):106-118.

[11] 陈璐. 中国长期护理成本的财政支持和公平保障 [J]. 财经研究, 2013, 39 (5): 73-85.

[12] 陈漫雪. 我国城镇女性劳动供给研究 [D]. 长春: 东北师范大学, 2018.

[13] 池田敬正. 日本における社会福祉のあゆみ [M]. 日本: 法律文化社, 1994.

[14] 戴卫东. 长期护理保险: 中国养老保障的理性选择 [J]. 人口学刊, 2016, 38 (2): 72-81.

[15] 戴卫东. 国外长期护理保险制度: 分析、评价及启示 [J]. 人口与发展, 2011, 17 (5): 80-86.

[16] 戴卫东. 欧亚七国长期护理保险制度分析 [J]. 武汉科技大学学报 (社会科学版), 2016, 18 (1): 12-16.

[17] 戴卫东. 以色列长期护理保险制度及评价 [J]. 西亚非洲, 2008 (2): 46-50.

[18] 邓大松, 郭婷. 中国长期护理保险制度构建浅析——以青岛市为例 [J]. 卫生经济研究, 2015 (10): 33-37.

[19] 邓晶, 邓文燕. 长期护理保险第一批试点城市保险筹资方案比较分析 [J]. 中国卫生政策研究, 2017, 10 (8): 13-17.

[20] 丁华, 严洁. 中国老年人失能率测算及变化趋势研究 [J]. 中国人口科学, 2018 (3): 97-128.

[21] 丁守海, 蒋家亮. 家庭劳动供给的影响因素研究: 文献综述视角 [J]. 经济理论与经济管理, 2012 (12): 42-51.

[22] 丁一. 我国失能老人长期照护模式构建研究 [D]. 北京: 首都经济贸易大学, 2014.

[23] 董子越, 李颖, 张永杰. 河北省承德市长期护理保险试点政策分析与路径完善 [J]. 劳动保障世界, 2019 (9): 43-44, 50.

[24] 奉蓓. 从中国城市两极消费看国民贫富差距 [J]. 商, 2015 (8): 81.

[25] 弗里德利希·冯·哈耶克. 自由秩序原理 [M]. 邓正来译. 上海: 三联书店, 1997.

[26] 顾大男, 柳玉芝, 章颖新, 任红, 曾毅. 我国老年人临终前需要完全照料的时间分析 [J]. 人口与经济, 2007 (6): 50-58.

[27] 顾磊. 储蓄、经济增长及其动态效率 [D]. 成都: 西南财经大学, 2006.

[28] 关博, 朱小玉. 中国长期护理保险制度: 试点评估与全面建制 [J]. 宏观经济研究, 2019 (10): 103-111, 156.

[29] 郭庆旺, 陈志刚, 温新新, 吕冰洋. 中国政府转移性支出的收入再分配效应 [J]. 世界经济, 2016, 39 (8): 50-68.

[30] 海龙, 尹海燕. 我国长期护理保险筹资机制研究 [J]. 湖南社会科学, 2020 (1): 103-109.

[31] 海龙, 尹海燕, 张晓囡. 中国长期护理保险政策评析与优化 [J]. 宏观经济研究, 2018 (12): 114-122.

[32] 韩本三. 二元选择面板数据模型设定、估计、检验的理论与实证研究 [D]. 西南财经大学, 2012: 139-140.

[33] 韩瑞峰. 我国长期护理保险体系研究 [D]. 武汉: 武汉大学, 2016.

[34] 韩振燕, 梁誉. 关于构建我国老年长期护理保险制度的研究——必要性、经验、效应、设想 [J]. 东南大学学报 (哲学社会科学版), 2012, 14 (3): 38-42, 126-127.

[35] 何林广, 陈滔. 德国强制性长期护理保险概述及启示 [J]. 软科学, 2006 (5): 55-58.

[36] 何文炯. 老年照护服务: 扩大资源并优化配置 [J]. 学海, 2015 (1): 88-93.

[37] 何文炯, 杨一心. 失能老人照护服务补助制度研究 [J]. 社会政策研究, 2020 (2): 26-39.

[38] 和红. 德国社会长期护理保险制度改革及其启示: 基于福利

治理视角［J］. 德国研究，2016，31（3）：58-72，126.

［39］胡苏云. 荷兰长期护理保险制度的特点和改革［J］. 西南交通大学学报（社会科学版），2017，18（5）：91-96.

［40］黄匡时，陆杰华. 中国老年人平均预期照料时间研究——基于生命表的考察［J］. 中国人口科学，2014（4）：92-101，128.

［41］贾清显. 中国长期护理保险制度构建研究［D］. 天津：南开大学，2010.

［42］江崇光，沈澈，刘纯. 相互制长期护理保险的制度选择研究［J］. 经济体制改革，2018（3）：26-32.

［43］姜日进，马青，孙涛等. 青岛市长期医疗护理保险的实践［J］. 中国医疗保险，2014（4）：40-42.

［44］姜向群. 建立长期护理社会保险制度的基本构想［N］. 中国劳动保障报，2013-09-03（03）.

［45］荆涛. 长期护理保险研究［D］. 北京：对外经济贸易大学，2005.

［46］荆涛. 建立适合中国国情的长期护理保险制度模式［J］. 保险研究，2010（4）：77-82.

［47］荆涛，杨舒，谢桃方. 政策性长期护理保险定价研究——以北京市为例［J］. 保险研究，2016（9）：74-88.

［48］荆涛，杨舒，朱海. 政策性长期护理保险补贴制度研究［J］. 保险研究，2017（8）：47-59.

［49］拉尔夫·格茨，海因茨·罗特岗，苏健. 德国长期护理保险制度变迁：财政和社会政策交互视角［J］. 江海学刊，2015（5）：42-47.

［50］雷晓康，冯雅茹. 社会长期护理保险筹资渠道：经验借鉴、面临困境及未来选择［J］. 西北大学学报（哲学社会科学版），2016，46（5）：108-115.

［51］李长远，张会萍. 发达国家长期护理保险典型筹资模式比较

及经验借鉴 [J]. 求实, 2018 (3): 69-78, 111.

[52] 李君. 我国长期护理保险发展研究 [D]. 唐山: 华北理工大学, 2019.

[53] 李晓鹤. 长期护理制度模式与选择研究 [D]. 武汉: 武汉大学, 2015.

[54] 李心愉, 吴逸, 张越昕. 寿险对消费内需的作用机制研究 [J]. 保险研究, 2012 (6): 13-21.

[55] 李亚青, 蔡启凡. 基本医疗保险财政补贴的政府间责任分摊研究 [J]. 财经科学, 2018 (2): 99-112.

[56] 李亚青. 基本医疗保险财政补贴的动态调整机制研究 [J]. 公共管理学报, 2017, 14 (1): 128-160.

[57] 李月娥, 明庭兴. 长期护理保险筹资机制: 实践、困境与对策——基于15个试点城市政策的分析 [J]. 金融理论与实践, 2020 (2): 97-103.

[58] 林宝. 中国长期护理保险筹资水平的初步估计 [J]. 财经问题研究, 2016 (10): 66-70.

[59] 凌木子. 我国老年长期护理保险筹资机制研究 [D]. 大连: 东北财经大学, 2016.

[60] 刘柏惠, 寇恩惠. 社会化养老趋势下社会照料与家庭照料的关系 [J]. 人口与经济, 2015 (1): 22-33.

[61] 刘昌平, 刘威. 城乡居民基本养老保险财政补贴模式优化研究 [J]. 上海经济研究, 2019 (10): 69-79.

[62] 刘昌平, 毛婷. 长期护理保险制度模式比较研究 [J]. 西北大学学报 (哲学社会科学版), 2016, 46 (6): 112-119.

[63] 刘盾. 中国的经济增长属于"利润拉动"还是"工资拉动"?——再测功能性收入分配对我国需求增长与结构的影响 [J]. 南开经济研究, 2020 (1): 70-95.

[64] 刘二鹏, 张奇林. 失能老人子女照料的变动趋势与照料效果

分析 [J]. 经济学动态, 2018 (6): 92-105.

[65] 刘芳. 德国社会长期护理保险制度的运行理念及启示 [J]. 德国研究, 2018, 33 (1): 61-76, 135.

[66] 刘建徽, 周志波, 叶珮西. 建设可持续发展的长期护理保险制度研究——基于国际国内比较分析 [J]. 宏观经济研究, 2017 (9): 41-46, 90.

[67] 刘凌晨, 曾益. 新农保覆盖对农户劳动供给的影响 [J]. 农业技术经济, 2016 (6): 56-67.

[68] 刘石柱, 詹长春, 孙翠, 周绿林. 江苏省城镇职工重大疾病实际补偿比适宜性研究 [J]. 中国卫生事业管理, 2011, 28 (11): 806-808.

[69] 刘田静. 上海长期护理保险资金可持续性问题初探 [J]. 上海农村经济, 2019 (12): 34-37.

[70] 刘小红. 农业保险财政补贴法律制度研究 [D]. 成都: 西南政法大学, 2016.

[71] 刘新. 中国社会保障支出的宏观经济效应研究 [D]. 重庆: 重庆大学, 2010.

[72] 刘易斯. 人口变动下上海市老年长期护理保险筹资和需求的匹配研究 [D]. 上海: 华东师范大学, 2017.

[73] 刘中海. 农村居民养老保险财政补贴的福利效应研究 [D]. 长沙: 湖南大学, 2018.

[74] 刘中海. 农村居民养老保险财政补贴的福利效应研究 [J]. 社会保障评论, 2020, 4 (1): 146-159.

[75] 刘子操, 陶阳. 健康保险 [M]. 北京: 中国金融出版社, 2001.

[76] 卢成会. 中国社会保障制度价值理念选择研究 [D]. 长春: 吉林大学, 2017.

[77] 卢婷. 我国长期护理保险发展现状与思考——基于全国15个

城市的实践 [J]. 中国卫生事业管理, 2019, 36 (1): 23-28.

[78] 芦锋, 韩尚容. 我国科技金融对科技创新的影响研究——基于面板模型的分析 [J]. 中国软科学, 2015 (6): 139-147.

[79] 吕国营, 韩丽. 中国长期护理保险的制度选择 [J]. 财政研究, 2014 (8): 69-71.

[80] 吕学静, 许东黎. 国外经验对我国探索建立长期护理保险制度的借鉴 [J]. 中国人力资源社会保障, 2017 (6): 21-23.

[81] 罗梅璇子. 长期护理保险试点的居民认知、参保意愿及影响因素研究——以湖北省荆门市为例 [J]. 管理研究, 2019 (1): 68-96.

[82] 马树才. 以经济增长为目标的产业结构调整优化模型 [J]. 辽宁大学学报 (自然科学版), 2005 (3): 193-198.

[83] 马涛. 西方经济学的范式结构及其演变 [J]. 中国社会科学, 2014 (10): 41-61, 206.

[84] 马煜辰. 青岛市老年人日间照料中心养老管理问题探究 [D]. 青岛: 青岛科技大学, 2018.

[85] 穆怀中. 社会保障适度水平研究 [J]. 经济研究, 1997 (2): 56-63.

[86] 潘文. 上海市长期护理保险 (LTCI) 发展模式研究 [D]. 上海: 上海工程技术大学, 2012.

[87] 彭荣. 医疗和养老保险与高龄失能老人长期照料支出——基于 CLHLS 数据的实证分析 [J]. 中国卫生政策研究, 2017, 10 (1): 46-51.

[88] 尚昀. 预防性储蓄、家庭财富与不同收入阶层的城镇居民消费行为 [D]. 济南: 山东大学, 2016.

[89] 邵文娟. 试点阶段我国长期护理保险制度的经验总结——以青岛市为中心 [J]. 长春大学学报, 2018, 28 (1): 7-11.

[90] 盛政, 何蓓, 朱蕾艳. 苏州市长期护理保险制度试点探析

[J]. 中国医疗保险, 2020 (2): 37-40.

[91] 宋相鑫. 人的发展视角下农村老年残疾人社会保障问题研究[D]. 长春: 吉林大学, 2014.

[92] 孙洁, 蒋悦竹. 社会长期护理保险筹资机制理论分析框架[J]. 江西财经大学学报, 2018 (1): 59-68.

[93] 孙敬华. 中国长期护理保险制度的福利要素评析及优化策略[J]. 北京社会科学, 2019 (10): 107-116.

[94] 孙凌雪, 冯广刚, 米红. 我国长期护理保险基金支出可持续性研究——以青岛市为例 [J]. 东岳论丛, 2020, 41 (5): 52-62.

[95] 孙世强, 任佳宝. 完善新型农村合作医疗中央财政补贴政策的建议 [J]. 经济纵横, 2010 (5): 62-65.

[96] 孙正成. 需求视角下的老年长期护理保险研究——基于浙江省17个县市的调查 [J]. 中国软科学, 2013 (11): 73-82.

[97] 田香兰. 韩国长期护理保险制度解析 [J]. 东北亚学刊, 2019 (3): 118-131, 151-152.

[98] 田勇, 殷俊. "依托医保"长期护理保险模式可持续性研究——基于城乡居民与城镇职工的比较 [J]. 贵州财经大学学报, 2019 (2): 91-101.

[99] 田勇. 中国长期护理保险财政负担能力研究——兼论依托医保的长期护理保险制度的合理性 [J]. 社会保障研究, 2020 (1): 33-47.

[100] 王成鑫. 中国新型农村社会养老保险财政负担水平研究[D]. 沈阳: 辽宁大学, 2011.

[101] 王浩豫, 王浩宇, 朱家明. 江苏省居民储蓄与收入函数关系探讨 [J]. 牡丹江师范学院学报（哲学社会科学版）, 2015 (5): 36-37.

[102] 王金营. 中国劳动参与年龄模式变动及其未来劳动供给结构分析 [J]. 广东社会科学, 2012 (2): 6-14.

[103] 王群, 汤未, 曹慧媛. 我国长期护理保险试点方案服务项目的比较研究 [J]. 卫生经济研究, 2018 (11): 38 – 42.

[104] 王晓燕. 社会医疗保险费用控制方案的系统动力学模拟 [J]. 财贸研究, 2007 (4): 64 – 70.

[105] 王亚柯, 李鹏. 我国农村养老保险的财政补贴激励和再分配效应 [J]. 求索, 2020 (3): 173 – 181.

[106] 王一. 公民权利视角下社会保障制度"去身份化"问题研究 [D]. 长春: 吉林大学, 2015.

[107] 王宇熹, 汪泓, 陈群民, 肖峻. 上海养老保险改革的系统动力学仿真分析 [J]. 上海交通大学学报, 2012, 46 (8): 1340 – 1348.

[108] 王竹可. 我国长期护理保险筹资机制研究 [D]. 上海: 华东师范大学, 2019.

[109] 文敏, 李磊, 李连友, 刘中海. 农村居民养老保险财政补贴与收入再分配效应测算 [J]. 统计与决策, 2019, 35 (8): 156 – 160.

[110] 文太林, 孔金平. 中国长期照护筹资与公共财政转型 [J]. 行政论坛, 2020, 27 (1): 114 – 119.

[111] 文太林, 张晓亮. 长期护理保险财政补贴研究——基于 15 个试点城市的比较分析 [J]. 地方财政研究, 2020 (1): 93 – 100.

[112] 文太林. 中国长期照护筹资相关研究述评 [J]. 四川理工学院学报 (社会科学版), 2018, 33 (1): 18 – 32.

[113] 吴海波, 邵英杰, 周桐. 长期护理保险筹资机制研究——基于全国 15 个试点方案的比较 [J]. 金融理论与实践, 2018 (10): 98 – 101.

[114] 谢冰清. 论中国长期护理保险制度中国家责任之定位 [J]. 云南社会科学, 2019 (3): 118 – 126.

[115] 杨翠迎, 程煜. 不同福利国家模式下长期护理保险制度及其费率结构比较 [J]. 经济体制改革, 2019 (4): 151 – 159.

[116] 杨杰. 安庆市长期护理保险试点现状及对策研究 [J]. 劳动

保障世界，2019（32）：44-45.

［117］杨明旭. 中国人口多属性预测研究暨失能老人长期照护政策仿真［D］. 杭州：浙江大学，2016.

［118］杨团. 中国长期照护的政策选择［J］. 中国社会科学，2016（11）：87-110，207.

［119］杨文杰. 青岛市医养结合养老机构现状调查分析及发展策略研究［D］. 青岛：青岛大学，2018.

［120］杨贞贞. 医养结合的社会养老服务筹资模式构建与实证研究［D］. 杭州：浙江大学，2014.

［121］姚虹. 老龄危机背景下我国长期护理保险制度试点方案的比较与思考［J］. 社会保障研究，2020（1）：48-56.

［122］尹海燕. 可持续的公共长期护理保险筹资机制：国外经验与中国方案［J］. 宏观经济研究，2020（5）：166-175.

［123］于长革. 政府社会保障支出的社会经济效应及其政策含义［J］. 广州大学学报（社会科学版），2007（9）：36-41.

［124］余洋. 荷兰、奥地利长期护理制度比较研究［D］. 芜湖：安徽师范大学，2012.

［125］余紫君，赵晨悦，褚淑贞. 中德长期护理保险制度对比及对我国的启示［J］. 医学与社会，2019，32（5）：67-71.

［126］袁祥州，程国强，黄琦. 美国农业保险财政补贴机制及对我国的借鉴［J］. 保险研究，2016（1）：76-86.

［127］曾毅，胡鞍钢. 整合卫生计生服务与老龄工作，促进亿万家庭福祉［J］. 人口与经济，2017（4）：36-42.

［128］曾之遥，李磊，刘木子云，刘中海. 农村居民养老保险财政补贴与农民家庭消费异质性——基于CHARLS数据的研究［J］. 财经理论与实践，2020，41（4）：18-24.

［129］翟绍果，马丽，万琳静. 长期护理保险核心问题之辨析：日本介护保险的启示［J］. 西北大学学报（哲学社会科学版），2016，46

(5)：116-123.

[130] 张安全. 中国居民预防性储蓄研究 [D]. 成都：西南财经大学，2014.

[131] 张鹏飞，仇雨临. 全面二孩政策对城乡居民基本医疗保险收支关系的影响——以 CC 市为例 [J]. 社会保障研究，2018 (6)：14-30.

[132] 张茹茜，张舒. 我国长期护理保险试点政策的比较研究——以广州和上海为例 [J]. 大众标准化，2020 (13)：136-139.

[133] 张太宇. 中国农民工社会保障制度研究 [D]. 沈阳：辽宁大学，2014.

[134] 张艳红，邵明英，倪战旭. 青岛市社区卫生服务机构标准化建设的现状调研 [J]. 保健医学研究与实践，2013，10 (2)：19-20.

[135] 张盈华. 中国长期护理保险制度的可持续评价与趋势分析 [J]. 人口学刊，2020，42 (2)：80-89.

[136] 张跃华，庹国柱，符厚胜. 市场失灵、政府干预与政策性农业保险理论——分歧与讨论 [J]. 保险研究，2016 (7)：3-10.

[137] 张昀. 日本长期护理保险制度及其借鉴研究 [D]. 长春：吉林大学，2016.

[138] 赵斌，陈曼莉. 社会长期护理保险制度：国际经验和中国模式 [J]. 四川理工学院学报（社会科学版），2017，32 (5)：1-22.

[139] 赵浩华. 欧洲福利国家制度变迁研究 [D]. 哈尔滨：黑龙江大学，2018.

[140] 赵建国，海龙. "逆向选择"困局与"新农保"财政补贴激励机制设计 [J]. 农业经济问题，2013，34 (9)：77-84，111.

[141] 赵建国，海龙. 我国新农保财政补贴筹资责任分担机制研究——基于公共服务横向均等化的视角 [J]. 宏观经济研究，2014 (7)：10-20，57.

[142] 赵湜，谢科范. 基于多代理和系统动力学的科技保险政策模

拟[J]. 科学学与科学技术管理, 2013, 34 (11): 10-18.

[143] 赵秀斋. 德国长期护理保险制度运行及其启示[J]. 北京劳动保障职业学院学报, 2018, 12 (1): 18-23.

[144] 赵郁馨, 陶四海, 万泉, 张毓辉, 黄结平, 王丽. 农村家庭灾难性卫生支出案例研究[J]. 中国卫生经济, 2004 (4): 5-8.

[145] 浙江省老年人长期照护保障制度研究课题组. 浙江省老年人长期照护费用保障机制研究[J]. 老龄科学研究, 2013, 1 (2): 36-45.

[146] 郑功成. 对农民工问题的基本判断[J]. 中国劳动, 2006 (8): 10-13.

[147] 钟仁耀, 宋雪程. 中国长期基本照护保险制度框架设计研究[J]. 新疆师范大学学报 (哲学社会科学版), 2017, 38 (1): 99-107.

[148] 周海珍, 杨馥忆. 长期护理保险定价模型比较与分析[J]. 财经论丛, 2014 (8): 44-50.

[149] 周加艳, 沈勤. 日本长期护理保险2005—2017年改革述评与启示[J]. 社会保障研究, 2017 (4): 101-112.

[150] 周磊, 王静曦. 长期护理保险资金筹集和待遇支付政策探讨——基于全国15个试点城市实施方案的比较[J]. 财经问题研究, 2019 (11): 89-97.

[151] 周硕. 宁波市失能老人长期护理保险制度构建研究[D]. 宁波: 宁波大学, 2018.

[152] 周云, 封婷. 老年人晚年照料需求强度的实证研究[J]. 人口与经济, 2015 (1): 1-10.

[153] 朱火云, 高和荣. 人口老龄化会导致新农合财政负担不可持续吗——基于财政补贴负担率的评估[J]. 国家行政学院学报, 2016 (5): 96-100, 144.

[154] Acha I A. Financial intermediation by banks and economic growth

in Nigeria, 1990 – 2008 [J]. Journal of Economics and Sustainable Development, 2011, 2 (4): 129 – 140.

[155] Ajzenstadt M, Rosenhek Z. Privatisation and new modes of state intervention: The long-term care programme in Israel [J]. Journal of Social Policy, 2000, 29 (2): 247 – 262.

[156] Alders P, Schut F T. The 2015 long-term care reform in the Netherlands: Getting the financial incentives right? [J]. Health Policy, 2019, 123 (3): 312 – 316.

[157] Ando A, Modigliani F. The "life cycle" hypothesis of saving: Aggregate implications and tests [J]. The American Economic Review, 1963, 53 (1): 55 – 84.

[158] Arntz M, Thomsen S L. Crowding out informal care? Evidence from a field experiment in Germany [J]. Oxford Bulletin of Economics and Statistics, 2011, 73 (3): 398 – 427.

[159] Asiskovitch S. The Long-Term Care Insurance Program in Israel: solidarity with the elderly in a changing society [J]. Israel Journal of Health Policy Research, 2013, 2 (1): 1 – 19.

[160] Asiskovitch S. The long-term care insurance program in Israel: solidarity with the elderly in a changing society [J]. Israel Journal of Health Policy Research, 2013, 2 (1): 3.

[161] Badcock J, Lenzen M. Subsidies for electricity-generating technologies: A review [J]. Energy Policy, 2010, 38 (9): 5038 – 5047.

[162] Baetjer H. Capital as embodied knowledge: Some implications for the theory of economic growth [J]. The Review of Austrian Economics, 2000, 13 (2): 147 – 174.

[163] Baimisheva T A, Kurmaeva I S, Gazizyanova Y Y, et al. State regulation systems of agricultural insurance [C]. IOP Conference Series: Earth and Environmental Science. IOP Publishing, 2019, 315 (2): 1 – 7.

[164] Black K, Skipper H D, Huebner S S. Life insurance [M]. Englewood Cliffs, NJ: Prentice Hall, 1994: 483.

[165] Blundell R, Chiappori P A, Meghir C. Collective labor supply with children [J]. Journal of Political Economy, 2005, 113 (6): 1277 – 1306.

[166] Boyle P, Murray J. Social security wealth and private saving in Canada [J]. The Canadian Journal of Economics/Revue canadienne d'Economique, 1979, 12 (3): 456 – 468.

[167] Browning M, Chiappori P A, Lechene V. Collective and unitary models: A clarification [J]. Review of Economics of the Household, 2006, 4 (1): 5 – 14.

[168] Brown J R, Finkelstein A. Insuring long-term care in the United States [J]. Journal of Economic Perspectives, 2011, 25 (4): 119 – 142.

[169] Brown J. R., Finkelstein A. The Interaction of Public and Private Insurance: Medicaid and the Long-Term Care Insurance Market [J]. American Economic Review, 2008, 98 (3): 1083 – 1102.

[170] Campbell J C, Ikegami N, Gibson M J. Lessons from public long-term care insurance in Germany and Japan [J]. Health affairs, 2010, 29 (1): 87 – 95.

[171] Campbell J C, Ikegami N, Kwon S. Policy learning and cross-national diffusion in social long-term care insurance: Germany, Japan, and the Republic of Korea [J]. International Social Security Review, 2009, 62 (4): 63 – 80.

[172] Campbell J C, Ikegami N. Long-term care insurance comes to Japan: A major departure for Japan, this new program aims to be a comprehensive solution to the problem of caring for frail older people [J]. Health Affairs, 2000, 19 (3): 26 – 39.

[173] Chandra R. Adam Smith, Allyn Young, and the division of labor

[J]. Journal of Economic Issues, 2004, 38 (3): 787 – 805.

[174] Chen Y. The perfection of financial subsidies for urban and rural basic endowment insurance: based on research in Guangdong Province [J]. Modern Economy, 2020, 11 (1): 140 – 154.

[175] Chevreul K, Brigham K B. Financing long-term care for frail elderly in France: the ghost reform [J]. Health Policy, 2013, 111 (3): 213 – 220.

[176] Chiappori P A. Rational household labor supply [J]. Econometrica: Journal of the Econometric Society, 1988: 63 – 90.

[177] Chou S Y, Grossman M, Liu J T. The impact of national health insurance on birth outcomes: A natural experiment in Taiwan [J]. Journal of Development Economics, 2014 (111): 75 – 91.

[178] Coe N B, Skira M M, Houtven C H Van. Long-term care insurance: Does experience matter? [J]. Journal of Health Economics, 2015 (40): 122 – 131.

[179] Comas-Herrera A, Wittenberg R, Gori C, et al. Future long-term care expenditure in Germany, Spain, Italy and the United Kingdom [J]. Ageing and Society, 2006, 26 (2): 285 – 302.

[180] Costa-Font J, Courbage C. Crowding out of long-term care insurance: Evidence from European expectations data [J]. Health Economics, 2015 (24): 74 – 88.

[181] Costa-Font J, Garcia-Gonzalez A, Font-Vilalta M. Relative income and attitudes towards long-term care financing [J]. The Geneva Papers on Risk and Insurance-Issues and Practice, 2008, 33 (4): 673 – 693.

[182] Cremer H, Pestieau P. Social long-term care insurance and redistribution [J]. International Tax and Public Finance, 2014, 21 (6): 955 – 974.

[183] Cuellar A E, Wiener J M. Implementing universal long-term care

insurance in Germany [J]. Public Policy and Aging Report, 1999, 10 (3): 1-15.

[184] Cullen J B, Gruber J. Does unemployment insurance crowd out spousal labor supply? [J]. Journal of Labor Economics, 2000, 18 (3): 546-572.

[185] Donni O, Chiappori P A. Nonunitary models of household behavior: a survey of the literature [M] //Household Economic Behaviors. Springer, New York, NY, 2011: 1-40.

[186] Donni O. Labor supply, home production, and welfare comparisons [J]. Journal of Public Economics, 2008, 92 (7): 1720-1737.

[187] Duesenberry, James S. Income, Saving and the Theory of Consumer Behavior [M]. Cambridge: Harvard University Press, 1949.

[188] Ehrenberg R G, Smith R S. Modern Labor Economics: Theory and Public Policy (8th Edition) [M]. Boston: Addison Wesley Press, 2002.

[189] Engen E M, Gruber J. Unemployment insurance and precautionary saving [J]. Journal of monetary Economics, 2001, 47 (3): 545-579.

[190] Feder J, Komisar H L, Niefeld M. Long-term care in the United States: An overview [J]. Health Affairs, 2000, 19 (3): 40-56.

[191] Feldstein M, Liebman J B. Social security [J]. Handbook of Public Economics, 2002 (4): 2245-2324.

[192] Friedman, Milton. Atheory of the consumption function [M]. Princeton University Press, Princeton, NJ, 1957.

[193] Gallagher E A, Gopalan R, Grinstein-Weiss M. The effect of health insurance on home payment delinquency: Evidence from ACA Marketplace subsidies [J]. Journal of Public Economics, 2019 (172): 67-83.

[194] Geraedts M, Heller G V, Harrington C A. Germany's long-term-care insurance: Putting a social insurance model into practice [J]. The Milbank Quarterly, 2000, 78 (3): 375-401.

［195］Geyer J, Haan P, Korfhage T. Indirect fiscal effects of long-term care insurance［J］. Fiscal Studies, 2017, 38（3）: 393 – 415.

［196］Geyer J, Korfhage T. Long-term care insurance and carers' labor supply—A structural model［J］. Health Economics, 2015, 24（9）: 1178 – 1191.

［197］Goda G S. The impact of state tax subsidies for private long-term care insurance on coverage and Medicaid expenditures［J］. Journal of Public Economics, 2011, 95（7 – 8）: 744 – 757.

［198］Goerke L. Introduction of long-term care insurance in Germany: An economic interpretation［J］. International Social Security Review, 1996, 49（4）: 25 – 38.

［199］Gruber J, Cullen J B. Spousal labor supply as insurance: Does unemployment insurance crowd out the added worker effect?［R］. National Bureau of Economic Research, 1996.

［200］Gruber J. Disability insurance benefits and labor supply［J］. Journal of political economy, 2000, 108（6）: 1162 – 1183.

［201］Götting U, Haug K, Hinrichs K. The long road to long-term care insurance in Germany［J］. Journal of Public Policy, 1994, 14（3）: 285 – 309.

［202］Harrington C A, Geraedts M, Heller G V. Germany's long term care insurance model: Lessons for the United States［J］. Journal of Public Health Policy, 2002, 23（1）: 44 – 65.

［203］Hazell P, Varangis P. Best practices for subsidizing agricultural insurance［J］. Global Food Security, 2019: 1 – 6.

［204］Hohmann J, Ludwig K. Long-term care in Luxembourg—A 2012 Snapshot［J］. Bulletin Luxembourgeois Des Questions Sociales, 2012（29）: 21.

［205］Ichien M. Introduction of long-term care insurance in Japan［J］.

International Review of Public Administration, 2000, 5 (2): 23 -36.

[206] Ikegami N. Public long-term care insurance in Japan [J]. Jama, 1997, 278 (16): 1310 -1314.

[207] Jie Z, Zhang J. How does social security affect economic growth? Evidence from cross-country data [J]. Journal of Population Economics, 2004, 17 (3): 473 -500.

[208] Jin G. , Liu Yutong. Government financial responsibility of urban workers' basic pension insurance [J]. Journal of Beijing University of Aeronautics and Astronautics Social Sciences Edition, 2020, 33 (2): 61.

[209] Kang I O, Park C Y, Lee Y. Role of healthcare in Korean long-term care insurance [J]. Journal of Korean Medical Science, 2012, 27 (Suppl): S41 -S46.

[210] Karlsson M, Mayhew L, Rickayzen B. Long term care financing in four OECD countries: Fiscal burden and distributive effects [J]. Health Policy, 2007, 80 (1): 107 -134.

[211] Keynes John Maynard. The General Theory of Employment, Interest and Money [M]. New York: Harcourt, Brace, 1936.

[212] Kim H, Kwon S, Yoon N H, et al. Utilization of long-term care services under the public long-term care insurance program in Korea: Implications of a subsidy policy [J]. Health Policy, 2013, 111 (2): 166 -174.

[213] Kim J W, Choi Y J. Farewell to old legacies? The introduction of long-term care insurance in South Korea [J]. Ageing and Society, 2013, 33 (5): 871.

[214] Kim S H, Kim D H, Kim W S. Long-term care needs of the elderly in Korea and elderly long-term care insurance [J]. Social Work in Public Health, 2010, 25 (2): 176 -184.

[215] Kim S Y, Kim M H, Kawachi I, et al. Comparative epidemiology of suicide in South Korea and Japan: effects of age, gender and suicide

methods [J]. Crisis, 2011, 32 (1): 5 - 14.

[216] Korn E, Wrede M. The effect of long-term care subsidies on female labor supply and fertility [J]. MAGKS Papers on Economics, 2012, 7363 (1): 344 - 357.

[217] Kwon H, Ko J. The effect of long-term care insurance on labor supply [J]. Korean Journal of Social Welfare, 2015, 67 (4): 279 - 299.

[218] Kwon S. Future of long-term care financing for the elderly in Korea [J]. Journal of Aging & Social Policy, 2008, 20 (1): 119 - 136.

[219] Kwon S. The introduction of long-term care insurance in South Korea [J]. Eurohealth, 2009, 15 (1): 28.

[220] Leland H E. Saving and uncertainty: The precautionary demand for saving [M]. Uncertainty in Economics. Academic Press, 1978.

[221] Letiche J M. Adam Smith and David Ricardo on economic growth [J]. The Punjab University Economist, 1960, 1 (2): 7 - 35.

[222] Li L. New cooperative medical scheme and medical expenditure in rural China [J]. Pacific Economic Review, 2019, 24 (1): 46 - 68.

[223] Lin B, Zhang Y Y. The impact of fiscal subsidies on the sustainability of China's Rural Pension Program [J]. Sustainability, 2020, 12 (1): 186.

[224] Lu B, Mi H, Zhu Y, et al. A sustainable long-term health care system for aging China: a case study of regional practice [J]. Health Systems & Reform, 2017, 3 (3): 182 - 190.

[225] Maarse J A M H, Jeurissen P P P. The policy and politics of the 2015 long-term care reform in the Netherlands [J]. Health Policy, 2016, 120 (3): 241 - 245.

[226] Matsuda S, Yamamoto M. Long-term care insurance and integrated care for the aged in Japan [J]. International Journal of Integrated Care, 2001, 1 (3): 15 - 22.

[227] McSweeney F, Williams D. Social care students' learning in the practice placement in Ireland [J]. Social Work Education, 2018, 37 (5): 581-596.

[228] Modigliani F, Brumberg R. Utility analysis and the consumption function: An interpretation of cross-section data [J]. Franco Modigliani, 1954, 1 (1): 388-436.

[229] Modigliani F, Cao S L. The Chinese saving puzzle and the life-cycle hypothesis [J]. Journal of Economic Literature, 2004, 42 (1): 145-170.

[230] Morgan S. G., Law M., Daw J. R., Abraham L., Martin D. Estimated cost of universal public coverage of prescription drugs in Canada [J]. Canadian Medical Association Journal, 2015, 187 (7): 491-497.

[231] Nerlove M, Arrow K J. Optimal advertising policy under dynamic conditions [J]. Economica, 1962, 29 (114): 129-142.

[232] Nikpay S S. Entrepreneurship and job lock: the interaction between tax subsidies and health insurance regulations [J]. Contemporary Economic Policy, 2020, 38 (1): 30-47.

[233] Nosov V V, Kotar O K, Kosheleva M M, et al. Assessing effectiveness of insurance premium subsidy in agricultural insurance [J]. Ecology, Environment and Conservation, 2014, 20 (4): 1857.

[234] Oshio T, Yashiro N. Social security and retirement in Japan [R]. National Bureau of Economic Research, 1997.

[235] Page T F. Labor supply responses to government subsidized health insurance: evidence from kidney transplant patients [J]. International Journal of Health Care Finance and Economics, 2011, 11 (2): 133.

[236] Pawlson L G, Mourey R J L. Financing long-term care an insurance-based approach [J]. Journal of the American Geriatrics Society, 1990, 38 (6): 696-703.

[237] Peterson G M. Wealth, income and living [J]. Journal of Farm Economics, 1933, 15 (3): 421-448.

[238] Pickard L, Comas-Herrera A, Costa-Font J, et al. Modelling an entitlement to long-term care services for older people in Europe: projections for long-term care expenditure to 2050 [J]. Journal of European Social Policy, 2007, 17 (1): 33-48.

[239] Qian W, Cheng X, Lu G, et al. Fiscal decentralization, local competitions and sustainability of medical insurance funds: Evidence from China [J]. Sustainability, 2019, 11 (8): 2437.

[240] Qi-wen Z, Hui-fang L, Li-na G. Study on improving development strategies of new rural social pension insurance system in Heilongjiang Province [J]. Journal of Northeast Agricultural University (English Edition), 2012, 19 (4): 83-88.

[241] Ram R. Exports and economic growth: Some additional evidence [J]. Economic Development and Cultural Change, 1985, 33 (2): 415-425.

[242] Rhee J C, Done N, Anderson G F. Considering long-term care insurance for middle-income countries: comparing South Korea with Japan and Germany [J]. Health policy, 2015, 119 (10): 1319-1329.

[243] Robbins L. On the elasticity of demand for income in terms of effort [J]. Economica, 1930 (29): 123-129.

[244] Sato E. Long-term care insurance in Germany: analyzing its progress from the perspective of economic indicators [J]. Journal of Public Health, 2006, 14 (1): 7-14.

[245] Saunders P, Shang X. Social security reform in China's transition to a market economy [J]. Social Policy & Administration, 2001, 35 (3): 274-289.

[246] Schnepper J A. Can you afford long-term care use today? [J].

USA Today Magazine, 2001, 103 (2678): 25.

[247] Schut F T, Van Den Berg B. Sustainability of comprehensive universal long-term care insurance in the Netherlands [J]. Social Policy & Administration, 2010, 44 (4): 411 -435.

[248] Seok J E. Public long-term care insurance for the elderly in Korea: design, characteristics, and tasks [J]. Social Work in Public Health, 2010, 25 (2): 185 -209.

[249] Sloan F A, Hoerger T J, Picone G. Effects of strategic behavior and public subsidies on families' savings and long-term care decisions [M] // Long-term Care: Economic Issues and Policy Solutions. Springer, Boston, MA, 1996: 45 -78.

[250] Song Y J. The South Korean health care system [J]. JMAJ, 2009, 52 (3): 206 -209.

[251] Starr-McCluer M. Health insurance and precautionary savings [J]. The American Economic Review, 1996, 86 (1): 285 -295.

[252] Stevens M, Glendinning C, Jacobs S, et al. Assessing the role of increasing choice in English social care services [J]. Journal of Social Policy, 2011, 40 (2): 257 -274.

[253] Sun J Y. Welfare consequences of access to health insurance for rural households: Evidence from the New Cooperative Medical Scheme in China [J]. Health Economics, 2020, 29 (3): 337 -352.

[254] Tamiya N, Noguchi H, Nishi A, Reich M R, Ikegami N, Hashimoto K, Kawachi I, Campbell J C. Population ageing and wellbeing: Lessons from Japan's long-term care insurance policy [J]. The Lancet, 2011, 378 (9797): 1183 -1192.

[255] Theobald H. Combining welfare mix and New Public Management: The case of long-term care insurance in Germany [J]. International Journal of Social Welfare, 2012 (21): S61 -S74.

［256］Thirlwall A P. Money in a developing economy［M］// Inflation, Saving and Growth in Developing Economies. Palgrave, London, 1974: 101 - 121.

［257］Tobin J. Money and economic growth［J］. Econometrica: Journal of the Econometric Society, 1965, 33 (4): 671 - 684.

［258］Tress R C, Musgrave R A, Peacock A T. Classics in the Theory of Public Finance［J］. Economic, 1959, 26 (102): 177.

［259］Tsutsui T, Muramatsu N. Japan's universal long-term care system reform of 2005: containing costs and realizing a vision［J］. Journal of the American Geriatrics Society, 2007, 55 (9): 1458 - 1463.

［260］Wang H, Huang J, Sun S. Assessment of the financial sustainability of China's New Rural Pension Plan: Does the demographic policy reform matter?［J］. Sustainability, 2019, 11 (18): 5110.

［261］Wei C, Jiaman Y, Jianlong H. Analysis of supply and demand situation of agricultural insurance market in China from the perspective of government behavior［J］. Agricultural & Forestry Economics and Management, 2020, 3 (1): 8 - 15.

［262］Wu S, Bateman H, Stevens R, et al. Income-indemnity long-term care insurance: Selection, informal care, and precautionary saving［R］. Working paper, ARC Centre of Excellence in Population Ageing Research (CEPAR), 2017.

［263］Yang J, Wang S, DU S. Regional comparison and implications of China's long-term care insurance system［J］. Chinese Journal of Health Policy, 2018, 11 (4): 1 - 7.

［264］Yang W, Jingwei He A, Fang L, et al. Financing institutional long-term care for the elderly in China: a policy evaluation of new models［J］. Health Policy and Planning, 2016, 31 (10): 1391 - 1401.

［265］Yoo B K, Bhattacharya J, McDonald K M, et al. Impacts of informal caregiver availability on long-term care expenditures in OECD countries [J]. Health Services Research, 2004, 39 (6p2): 1971 – 1992.

[266] Yoon H S. Korea: Balancing economic growth and social protection for older adults [J]. The Gerontologist, 2013, 53 (3): 361 – 368.

[267] Yoon T H. Inclusion of home-based rehabilitation services in the long-term care insurance-review on the home-based Physical Therapy in the OECD [J]. The Korean Journal of Health Service Management, 2011, 5 (4): 161 – 175.

[268] You J, Niño-Zarazúa M. The intergenerational impact of China's New Rural Pension Scheme [J]. Population and Development Review, 2019 (45): 47 – 95.

[269] Zeng Y, Li J, Yuan Z, et al. The effect of China's new cooperative medical scheme on health expenditures among the rural elderly [J]. International Journal for Equity in Health, 2019, 18 (1): 27.

[270] Zhang J. Research on optimal agricultural insurance product and its effect of poverty alleviation [J]. International Journal of Business and Social Science, 2019, 10 (7): 177 – 184.

[271] Zhang Z, Luo Y, Robinson D. Who are the beneficiaries of China's New Rural Pension Scheme? Sons, Daughters, or Parents? [J]. International Journal of Environmental Research and Public Health, 2019, 16 (17): 3159.

[272] Zhao Q, Brosig S, Luo R, et al. The new rural social pension program in rural China: participation and its correlates [J]. China Agricultural Economic Review, 2016, 8 (4): 647 – 661.

[273] Zhu Y, Österle A. China's policy experimentation on long-term care insurance: Implications for access [J]. The International Journal of Health Planning and Management, 2019, 34 (4): e1661 – e1674.

[274] Zuchandke A, Reddemann S, Krummaker S, et al. Impact of

the introduction of the social long-term care insurance in Germany on financial security assessment in case of long-term care need [J]. The Geneva Papers on Risk and Insurance-Issues and Practice, 2010, 35 (4): 626 –643.